新国货崛起的品牌密码

于华 李龙泉 刘飒 ————著

清华大学出版社
北京

本书封面贴有清华大学出版社防伪标签，无标签者不得销售。
版权所有，侵权必究。举报：010-62782989，beiqinquan@tup.tsinghua.edu.cn。

图书在版编目(CIP)数据

新国货崛起的品牌密码 / 于华，李龙泉，刘飒著 . —北京：清华大学出版社，2021.11
ISBN 978-7-302-59293-8

Ⅰ.①新… Ⅱ.①于…②李…③刘… Ⅲ.①品牌营销—研究 Ⅳ.① F713.3

中国版本图书馆 CIP 数据核字 (2021) 第 200843 号

责任编辑：陈　莉
封面设计：周晓亮
版式设计：方加青
责任校对：马遥遥
责任印制：杨　艳

出版发行：清华大学出版社
　　网　　址：http://www.tup.com.cn，http://www.wqbook.com
　　地　　址：北京清华大学学研大厦 A 座　　邮　编：100084
　　社 总 机：010-62770175　　　　　　　　邮　购：010-62786544
　　投稿与读者服务：010-62776969，c-service@tup.tsinghua.edu.cn
　　质 量 反 馈：010-62772015，zhiliang@tup.tsinghua.edu.cn

印 装 者：保定市中画美凯印刷有限公司
经　　销：全国新华书店
开　　本：170mm×240mm　　　印　张：13.5　　　字　数：227 千字
版　　次：2021 年 12 月第 1 版　　印　次：2021 年 12 月第 1 次印刷
定　　价：58.00 元

产品编号：093516-01

前　言
打造新国货品牌，为什么要破解打法

供应链成熟和消费升级的市场红利、Z世代①觉醒的人心红利、产品主义的审美红利、私域和社交媒体崛起的自媒体红利……当谈到新国货为什么崛起时，这些是你最常听到的解释。然而，这些让你血脉偾张的各种红利，对你搞好新国货，对你打造新国货品牌，几乎不会有帮助。这是为什么呢？很简单，这些都属于"公共红利"，具有共享属性——你有的，别人也有。

一个品牌要在强敌如云的竞争中胜出，靠的不是大家都有的东西，而是根据自身的情况，创造独特的品牌打法。完美日记的管理团队有在宝洁就职的经历，既有资本，也有经验，因此可以跨界玩"HBG(How Brands Grow，大渗透)"打法；Babycare的目标消费者是年轻的父母，既追求颜值，也害怕麻烦，所以可以采用一站式购物的"封装"打法；内外内衣激活了女性心中的叛逆者原型，才有"悦己"的品类，而不是相反；元气森林的购买行为大多在线下完成，所以在选了小红书这个年轻人的媒体后，就必须选便利店这个年轻人的渠道，才能抗衡传统品牌的"央视+超市"组合……

既然是品牌打法，就必须符合品牌动力的运行机制。执行、产品、运营都不是品牌打法，那是每个企业，包括不以品牌为核心竞争力的企业都需要的通用能

---

① Z世代指受到互联网、智能手机、平板电脑等科技产物影响很大的一代人。

力。如果你连通用能力都不具备，而只想靠打法取胜，就如同沙地起楼——根基不稳，自然没有胜出的可能。在一个竞争充分的市场中，如果你想只靠通用能力取胜，那绝对是蒸沙作饭，断不可能开花结果。企业在具备了上述通用能力之后，再去破解品牌案例，研究品牌动力，创新品牌打法，才会有意义。

研究打法，最佳的方法就是剖析成功案例。因为，成功者用时间和资本踏出来的康庄大道，往往包含了极高的试错成本和经验价值。学习者如果能引以为鉴，无疑可以少走很多弯路。当然了，要剖析成功案例，就必须懂品牌建设的底层逻辑，懂品牌动力的基本原理，懂品牌打法的实战技巧。

本书融合了品牌建设的底层原理、打法技巧、案例拆解和实战模拟，是一本让你不但知其然，而且知其所以然；不但知其所以然，而且还能循着流程和路径在品牌建设上落地实战的打法教程。笔者相信，以这样的组合拳来破解和学习新国货百强品牌的成功之道，不但能学会，而且能学好；不但能学好，而且学得快。

作　者

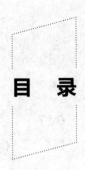

目录

导读 破解新国货百强品牌打法　001

一、破解方法：案例分析　001

二、破解对象：百强品牌　004

三、破解内容：打法密码　005

第一部分　品牌打法：磨刀不误砍柴工

第一章　好好卖货不行吗，为啥非要做品牌　010

一、降低消费者决策成本　010

二、获得品牌溢价　013

三、积累品牌资产　015

第二章　品牌动力学：一眼看透品牌建设的底层逻辑　018

一、品牌五力与品牌动力学　018

二、品类战略——减少竞争阻力　019

三、品牌塑造——激活品牌潜能　026

四、品牌传播——形成用户拉力　029

五、渠道策略——构建销售推力　039

六、绑定场景——产生营销引力　041

第三章　原力：就是品牌原动力　047

一、品牌原力理论的"皮、肉、骨、髓"　047

二、原型和集体无意识　048

三、为何要整合品牌原力理论　051

四、品牌12原型　053

五、如何唤醒品牌原力　065

第四章　定位：不会用，就不要说不管用　073

一、定位在新国货领域为啥不给力　073

二、定位四大经典打法，学这一种就足够　074

三、品类分化打法的落地　076

四、定位四大打法哪个更牛　078

第五章　定位攻左脑，原力攻右脑　081

一、左右脑分工与品牌打法　081

二、定位+原力：双剑合璧，威力升级　082

第二部分　品牌密码：他山之石　不会就学

第六章　Ubras、内外：谁懂原型谁称霸　086

一、悦己：随风潜入夜，润物细无声　086

二、悦己品类与原型派武功　087

三、内外是如何激活叛逆者原型的　089

四、不懂原型的Ubras为什么也会成功　090

目 录

第七章　想抢电子烟龙头品牌的蛋糕，需要这样做　092
一、未来电子烟的核心竞争力是什么　093
二、芯片巨头英特尔给电子烟的启示　095

第八章　完美日记：史上最全最狠的私域流量打法样本　097
一、要懂完美日记，先得懂几个关键词　098
二、私域打法的三个阶段　101
三、私域打法1：公域阶段——寻鱼　103
四、私域打法2：公域转私域阶段——诱鱼　110
五、私域打法3：私域阶段——圈鱼、钓鱼、养鱼　111
六、完美日记打法中不完美的地方　118

第九章　理想汽车：用性价比，能卖得动"理想"吗　120
一、从乐百氏的27层净化说起　120
二、汽车品牌为啥没法打"功能卖点"　121
三、从小米和日本车那里找灵感　122

第十章　小鹏汽车：名字的缺陷，用品牌人格可以反败为胜　125
一、原型派武功最适合汽车品牌　125
二、在时代变迁中挖掘小鹏汽车的品牌原型　126
三、小鹏汽车的品牌人格塑造　130
四、双剑合璧，让小鹏更上层楼　131

第十一章　Babycare：一个渠道品牌的封装艺术　132
一、打开Babycare的关键钥匙　132
二、任务封装：一站式购物　133
三、品类封装：先弱势品类，再强势品类　134
四、价值观封装：这种用户细分方式很独特　135

五、原型封装：Babycare 应该开始的行动　　135

第十二章　新式茶饮：奶，以及茶，都不是重点　　137

一、当你选择一家奶茶店，你首先在选什么　　137

二、消费者选奶茶，是想完成什么任务　　138

三、用原型派武功瓜分星巴克的蛋糕　　140

四、不要更好，而要不同　　141

第十三章　植护：另类的降维　　144

一、跨界的降维　　144

二、市场的降维　　145

三、概念的降维　　146

第十四章　WIS：过度营销的痛，可以用"品牌人格"来治　　147

一、广告代言人凌乱　　147

二、品牌原型与明星原型冲突　　148

三、如何用原型治过度营销之痛　　148

第十五章　花西子是如何玩转双剑合璧的　　151

一、花西子的品类打法　　151

二、植物原型是啥样　　153

三、双剑合璧的绝顶功夫，花西子这样玩　　154

第十六章　元气森林：拉力和推力的完美合力　　156

一、元气森林的品类战略——减少阻力：65 分　　156

二、元气森林的品牌塑造——激活潜能：85 分　　157

三、元气森林的品牌传播——形成拉力：95 分　　158

四、元气森林的渠道策略——构建推力：100 分　　159

目 录

第十七章　江小白：所有品类都值得用"年轻一代"重新定位　161
一、江小白的品类战略——减少阻力：95 分　　161
二、江小白的品牌塑造——激活潜能：100 分　　162
三、江小白的品牌传播——形成拉力：85 分　　163
四、江小白的渠道策略——构建推力：60 分　　164

第十八章　小罐茶：三重品类定位给其他茶叶品牌的启示　166
一、茶叶极低的易测性意味着什么　　166
二、如何将竞争的阻力降至"无对手"级别　　168
三、理性诉求不适合茶叶品类　　169
四、窗户纸有时无须捅破　　170

第十九章　云鲸拖地机器人：拖地扫地，判若云泥　171
一、品类分化，就这样搞　　171
二、云鲸的"会拖地"牛在哪里　　173
三、光脚自由与探险家原型　　173

第二十章　薇诺娜：谁说定位不行了　175
一、品类：与云南白药牙膏殊途同归　　175
二、品牌：为竞争对手重新定位　　177
三、传播：像"药"那样深度教育用户　　178

第二十一章　泡泡玛特的三板斧：赌性、原型和社交货币　180
一、从斯金纳箱这个心理学实验说起　　180
二、社交货币是这样让泡泡玛特疯传的　　182
三、天然的魔法师原型　　183

第三部分　品牌哲学：大智若愚与品牌未来

第二十二章　品牌趋势：小成更易，做大更难　186
一、从品牌历史，看品牌未来　186
二、大智若愚与品牌成就　193
三、先卖货，还是先做品牌　194

第二十三章　品牌咨询：要双赢，不要双输　196
一、品牌建设的阶段和任务　196
二、品牌咨询公司的类型　197
三、双输，可以这样避免　199

参考文献　202

后记：专家之死，是谁淹没了专业的声音　204

导 读
破解新国货百强品牌打法

破解品牌打法，包含了"怎么破""要破谁"和"破什么"三个部分。"怎么破"其实就是破解方法，笔者将通过案例分析法来进行；"要破谁"，也就是破解对象，对新国货领域而言，无疑就是百强品牌了。考虑到篇幅限制，本书在综合考虑了品类覆盖、打法差异和样本规模之后，在百强品牌中挑选了20个具有代表性的分析样板；"破什么"也就是破解的内容，这是本书最核心的部分，通过导读索引式的了解，你就知道笔者将要破解的是成功品牌的打法密码。

一、破解方法：案例分析

假设你是一名小学数学老师，这一节课你要教给学生一个他们没见过的新题型。在以下两种教学方法中，你认为哪个效果更好？

方法一：先把题目抛给学生，让他们自己摸索。如果一堂课45分钟，你先让他们摸索半小时，再用最后的15分钟点评讲解。

方法二：你一上来就先讲一道例题，明确告诉学生这个新题型的要点是什么，应该怎么解，并且总结解题的步骤。你讲完了，再出几道练习题给学生做。

相信很多人都对第一种方法怀有好感，它就是被舆论广为推崇的"发现式学习"，其原理是让学生们通过探索，自己发现知识。你自己发现的知识，肯定自己更容易接受，对吧？而第二种呢，就显得很笨很传统了，貌似也缺乏启发学生的过程，它就是被广为诟病的"填鸭式教育"。

然而，那个被很多人推崇的第一种学习方法，也就是"发现式学习"，没用！为此，科学家们做了很多研究，不同学科的教学都做过实验，结果都是第二种看起来又笨、又传统的案例式教育教学效果更好。甚至，哪怕你的学生很聪明，真的把新题型给解出来了，他的掌握程度也不如用第二种更传统方法教出来的学生熟练。

这个案例是科普专家万维钢先生在解读法国心理学和认知科学家斯坦尼斯拉斯·迪昂于2020年出版的《我们如何学习：大脑为何（暂时）比机器学得快》时提到的。结果令你大跌眼镜对吧？其实，类似的情形在商界更常见。

比如，如果你想开家公司，你就会思考这个问题：是去打造一种全新的商业模式好呢，还是去研究别人已经成功的案例，将其进行适当改良更好？虽然很多有理想、有情怀的人都更愿意选择第一种，但在真实的商战中，成功率最高的却是第二种。不过，简单的借鉴也是难以成功的，只有在借鉴的基础上有创新、有超越，才是成功之道。

好，言归正传，还是回到本书要说的品牌上来。什么样的学习方法，更容易让我们学会建设好品牌呢？其实，导读部分的标题已经告诉你了：破解打法！破解成功品牌的打法，不就和案例中数学老师的第二种管用的教学方法一样了吗？都是案例教学法嘛。

显然，通过第一种放羊式的摸索来学习搞品牌，代价可能是既耽误了时机，也空耗了资本，关键还有可能导致失败；而用第二种看起来更笨的方法，也就是案例学习法，却能让你快速领悟品牌建设的关窍与流程。因此，按照科学的学习流程，笔者将这本书分成了三个部分，以求让你在品牌打法上获得最佳的学习效果。

（一）原理篇：品牌打法

既然要深度破解新国货百强品牌的成功密码，就必须既知其然，也知其所以然。原理篇的品牌打法这部分，就是为了这个而准备的。大致说来，本书与品牌建设有关的原理，涉及以下三个方面。

首先，弄清楚一个企业为什么要花大力气搞品牌。不要觉得搞品牌是天经地义的，在新国货圈子里，笔者就经常听到"卖货就行了，为啥要搞品牌"的疑问。如果你认为自己不存在这个问题，这部分说的是废话，那也没关系，因为它很短，你可以忽略不看。

其次，掌握笔者独创的"品牌动力学"，这是笔者借鉴物理学关于"力"的原理而创建的一个品牌打法公式，分别是：品类降低阻力、形象激发潜能、传播形成拉力、渠道构建推力和场景产生引力等5个部分。公式非常简洁，但超级实用，能让你用15分钟就看懂品牌建设的底层逻辑。

最后，掌握品牌三大打法，分别是定位、品牌原力和融合了定位和原力精髓的双剑合璧打法。其中，双剑合璧是笔者独创的品牌打法。放心，知道你对定位理论很熟悉，所以涉及定位的内容就不再赘述，只拣你未必知道的精髓来讲。

看到这里，你是不是有点疑惑：不是说按数学老师教的第二种方法，一上来就讲案例的吗，怎么前面还有什么基本原理啊？别急！小学数学老师能给你一上来就讲案例，有个前提是你至少知道加减乘除等基本的运算方法，这第一部分就是起这个作用的。在第二部分要破解的20个新国货百强品牌的案例中，一方面，笔者要按照品牌动力学的基本流程来拆解；另一方面，就会用到定位、原力和双剑合璧的打法。在破解案例之前先学会原理和打法，这叫磨刀不误砍柴工。

(二) 案例篇：品牌密码

不懂就学、一学就会的20个新国货百强品牌的案例破解就在这部分了。不过，对这些案例的分析方法，笔者需要作些说明。记得刚上知乎那会儿，它曾推送过一个问题，大意是问如何看待"竞争战略之父"迈克尔·波特开的公司倒闭了的问题。笔者是这样回答的：

- 影响一个企业成败的因素至少有5个，类似木桶理论中的木板。
- 一个企业如果想成功，每个因素都必须要优秀，至少不能有明显拖后腿的短板。
- 一个企业如果要失败，一个因素就够了。
- 成功要全部因素都优秀，失败则仅仅需要一个因素就够了，这就是成功很难，而失败很容易的底层逻辑。

- 波特在战略方面的成就肯定是超高分，但并不代表他在其他方面也是如此。
- 因此，他的企业倒闭并不奇怪，一点都不影响他在战略方面的成就。

企业成功需要所有因素都优秀这个前提，给笔者的案例分析带来了麻烦：如果面面俱到地分析，不但无味，而且无用。比如，如果笔者说某个新国货百强品牌的成功是因为Z世代变得更爱国了，具有文化自信了，你肯定会觉得这是在说废话。因为，在新国货崛起的浪潮中，中国的供应链成熟、新消费人群的文化自信等等，属于每个新国货品牌都能享受的"公共红利"，对你学习成功品牌基本没有意义。

因此，对那些属于市场共性的、每个品牌都可能"共享"的因素，笔者就把它当作数学上的同类项合并了，只分析那些成功品牌的独特之处、差异之处和可以借鉴之处。事实上，当你进入同一条赛道（品类）后，诸如市场前景、消费能力、供应配套，甚至是更为细致的品类打法，都不会成为你比同行优秀的原因。理由很简单：你有的，别人也有。

（三）理念篇：品牌哲学

经常有人对笔者说想打造百年品牌，不过，百年品牌可不是那么好打造的。从绝对值来讲，现存的百年品牌虽然数量不少，但那属于"幸存者偏差"。相对而言，倒掉的更多，那些"年纪轻轻"就夭折的品牌，绝大多数连个名字也没有留下。

所以，想打造百年品牌，就必须学点品牌历史，知道点品牌趋势，懂点品牌哲学。理念篇这部分就分别从品牌历史、广告投放、品牌趋势、品牌咨询等几个方面，来提高我们对品牌哲学的认识。

二、破解对象：百强品牌

好，既然我们已经达成共识，认为案例式学习是更好的学习方法，那么接下来的问题是：跟谁学？相比选择正确的学习方法，找到跟谁学的答案很容易：跟成绩好的品牌学呗。那么谁的成绩好呢？肯定是行业内的百强品牌了。

因此，本书选择了海豚社"2021新国货100强品牌排行榜"来作为破解对象，这个榜单公布了上榜品牌的销售额，可信度较高。不过，由于篇幅所限，肯定没有办法对这个榜单内的 100 个品牌全部分析了。那么笔者是如何筛选破解对象的呢？

首先，在于确定样本规模。在 100 个品牌中，笔者选择了 20 个品牌来分析。20 这个数字可不是随便定的，根据二八法则，这 20% 的样本，足可以把百强品牌们的核心打法学个遍了。

其次，在选择样本时，笔者特别考虑了品类的覆盖面，以求样本的多元化。因此，最后挑选出来的破解对象遍布了美妆、食品、个护、饮料、酒类、新式茶饮、电动汽车、机器人、母婴、服装、潮玩……几乎算是全品类、全覆盖了。

最后，也是最关键的一点，在品牌的打法上，笔者注重挑选不同的打法样本，目的是让你能学到更多的品牌建设方法。因此，上文所说的破解样本符合二八法则，并不是指排在前 20 名的品牌，而是指那些成功密码不重叠、建设方法上覆盖了核心打法的品牌。

三、破解内容：打法密码

笔者在破解新国货百强品牌的成功密码时，将全部按照品牌动力学的"五力"进行。品牌动力学这个理论系统是笔者独创的，借用了物理学上与"力"有关的 5 个名词，用来说明品牌建设的基本原理和基本流程。

品牌动力学认为，品牌建设的过程，就是构建品牌动力的过程。把和品牌相关的各种力理顺了，品牌建设自然就成功了。现在我们就来看看这 5 种力是如何构成完整的品牌建设流程的。

- ⊙ 品类战略，减少竞争阻力。
- ⊙ 品牌塑造，激活品牌潜能。
- ⊙ 品牌传播，形成品牌拉力。
- ⊙ 渠道策略，构建销售推力。
- ⊙ 绑定场景，产生营销引力。

本书挑选 20 个成功品牌的核心打法，或者说它们的成功密码，要么位于品类战略部分,要么位于品牌塑造部分,要么几个都有。总之,绝大多数打法都可归于品牌动力学的"五力"之中。通过这样的拆解和分析,学习百强品牌的成功秘密,就会变得容易理解、容易上手、容易学会和容易精通。

在正式解开这 20 个新国货百强品牌的成功密码之前,先摘要式地介绍一点信息,权且作为内容索引吧。

1. 内外NEIWAI内衣

内外内衣以女权主义的通用文化密码,激活了叛逆者原型,开创了内衣的"悦己"品类。

2. Ubras内衣

Ubras 内衣跟随内外的"悦己"定位。本案例主要指出 Ubras 在品牌形象塑造上的瑕疵。

3. 悦刻电子烟

本案例侧重分析整个电子烟市场,并预测电子烟未来可能的品牌打法和品牌模式。

4. 完美日记

完美日记将 HBG 那套"央视+超市"的打法跨界到私域流量和社交电商。

5. 理想汽车

本案例侧重解决方案,在蔚来的高档定位、中国电动汽车默认的中档定位和五菱宏光 MINI 的低档定位之外,为理想汽车找到有价值的定位方向。

6. 小鹏汽车

本案例侧重解决方案,通过混血原型、双剑合璧打法的模拟落地,解决小鹏遭遇的品牌名称问题;试图用叛逆者原型塑造小鹏的品牌人格,以求达到反败为胜的效果。

7. Babycare

Babycare 洞悉了母婴品类的"消费者任务",以"一站式"为中心,采用"封装"技术,对渠道品牌、消费者任务、照顾者原型等毫不相干的品牌属性进行了有机融合。

8. 喜茶

喜茶用叛逆者原型，针对星巴克的"第三空间"这个大品类，切下了一块叫"年轻"的蛋糕。

9. 奈雪的茶

奈雪的茶对喜茶的"年轻人的第三空间"进一步分化，提出"女性＋年轻人＋第三空间"。

10. 古茗

与奈雪的茶差不多，古茗也走了对喜茶的市场进一步分化的路线："小镇青年＋第三空间"。

11. 茶颜悦色

对仕女原型的极致运用，使茶颜悦色走出了与其他新式茶饮不同的品牌建设道路。

12. 植护

植护深谙"取法其上，得乎其中"的精髓，以母婴这个高安全品类的品牌形象，降维征服了纸品这个低安全品类的市场。

13. WIS

本案例侧重解决方案，试图通过原型派武功来塑造具有统合性的品牌人格，去解决 WIS 因过度营销而导致的品牌人格混乱问题。

14. 花西子

花西子采用定位＋原力的双剑合璧打法，以花这个植物原型，塑造和强化了"花"(以花养妆) 的定位。

15. 元气森林

元气森林用小红书这个 Z 世代的媒体构建拉力、用便利店这个 Z 世代的渠道构建推力，实现了"央视＋超市"这个经典组合才具有的合力。

16. 江小白

在千年不变、千篇一律的白酒市场，有 1 分的创新，就有 100 分的回报。海之蓝如此，江小白也如此。

17. 小罐茶

立顿和大红袍有啥不同？小罐茶和普洱茶有啥不同？产地品牌是茶叶品牌的最大陷阱，要成功，必须先懂这个。

18. 云鲸拖地机器人

不要更好，而要不同。云鲸的拖地相对扫地，既是不同，也是升级。

19. 薇诺娜药妆

谁说定位不行了？薇诺娜在药妆这个品类分化的高级打法，加上对品牌信用证明的极致运用，体现了定位派武功在药品、化妆品品类上的超强效力。

20. 泡泡玛特

社交货币的传播威力、魔法师原型的品牌威力和斯金纳箱的赌性威力，在泡泡玛特身上形成了合力。

第一部分

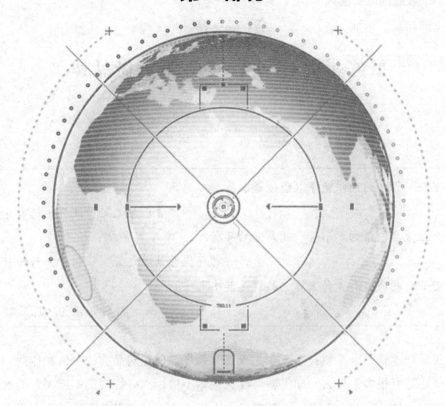

品牌打法：磨刀不误砍柴工

第一章
好好卖货不行吗，为啥非要做品牌

* * * * *

> 下个一百年的组织竞争只能依赖品牌。
> ——"管理学之父"彼得·德鲁克
> 企业最具价值的无形资产就是它的品牌。
> ——"现代营销学之父"菲利普·科特勒
> 企业的护城河有4种来源，品牌是其中之一。
> ——"股神"沃伦·巴菲特

虽然在本章一开头就拉了三个大人物来镇场，但是对品牌的价值和作用，笔者相信还是有很多人要么一知半解，要么根本不信。"好好卖货不行吗？为啥非要劳神费力地搞品牌？"在一次新国货的大型会议上，笔者就听见一个生意做得颇大的公司创始人如是说。品牌的价值不容漠视，所以在破解百强品牌的成功密码之前，我们有必要先来把这个问题搞清楚。

一、降低消费者决策成本

你有选择困难症吗？据说，这个看起来不是病的病，已经是当今社会的三大流行病之一。如果你不知道这个病有多严重，那么来看一则新闻，它是2019年5月发生在安徽阜阳的真事。当然，也算是则笑话。

(一) 从选择困难症说起

安徽阜阳一派出所接到某商店老板报警，称自己的手机在店里被偷了。民警调取监控发现，手机是被一名中年女子所偷。看到监控，民警哭笑不得：桌子上放了两部手机，小偷犯了选择困难症，选了半天，只拿走了一部。发生在贵州的另一则新闻更搞笑，也是因为小偷在偷手机的时候犯了选择困难症，因此耽误了时间，被抓了个正着。

好了，请收起你的笑容，我们来严肃地思考一个问题：如果你是那两部让小偷"难以下手"的手机品牌商，你犯了什么错误？显然，对手机这种外形差不多，但功能、质量却让小偷难以判定的产品而言，品牌没有帮助小偷完成"偷盗决策"，如果在真实的市场上，估计也很难帮助消费者完成购买决策。

看到了吗？不搞品牌建设，或者品牌建设不成功，连取悦小偷都困难啊！因为一个没有品牌的产品，会增加消费者的决策成本。如果你不给消费者提供方便，消费者就会抛弃你，一个不能降低消费者决策成本的产品是难以获得持久成功的。

(二) 消费者喜欢品牌的底层逻辑

《思考，快与慢》是一本讲直觉思维和理性思维的畅销书，作者是2002年诺贝尔经济学奖获得者丹尼尔·卡尼曼。卡尼曼获奖的课题题目叫作"人在不确定状态下的行为模式和决策依据"。

一直以来，传统经济学都把人假设为绝对理性的"决策主体"，认为人会理所当然地做出理性决策。但是卡尼曼的研究证明，这种假设是有缺陷的，人在做决策时并不是完全理性的，人并不是理性的经济动物。相反，在很多情况下，人并不理性，人类所持有的偏见是与生俱来的，是与直觉紧密相关的。

卡尼曼把自己的研究成果写成了《思考，快与慢》这本书。在书中，卡尼曼把人类的思考模式拆分成"快思考"和"慢思考"两个系统。他认为快思考是依赖直觉的、无意识的思考系统，卡尼曼把它叫作"系统1"；而慢思考是需要主动控制的、有意识进行的思考系统，卡尼曼把它叫作"系统2"。

在人类的进化过程中，我们的祖先常常处于资源匮乏状态。为了节省能量，逐渐形成了凭直觉思考的基因。在日常生活中进行决策时，虽然两个系统都会发挥作用，但由于"系统2"更耗能量，所以常常处于"休眠"状态。这就使能耗

第一部分 品牌打法：磨刀不误砍柴工

更少的、凭直觉思考的"系统1"会占据决策的主导地位。

回到本章标题所问的问题：好好卖货不行吗，为啥非要做品牌？因为在商品极度丰富、选择非常多的购买环境中，犹豫不决是消费者"标配"的心理和行为。因此，具有良好品牌回忆和品牌再认的品牌，就会在消费者犹疑的瞬间左右他们的选择。而正是这一点点的影响，就会使你的品牌比竞品多出很多的销售机会，这就是我们耗费巨资也要打造品牌的意义所在。

(三) 印象优势、入围优势和入选优势

在上面一节，笔者说到了品牌回忆和品牌再认，这是检测消费者对品牌是否已经形成认知的标准。所谓的品牌回忆，就是在提到某个品类时消费者能一下想起你的品牌。比如，提到彩妆，消费者能想起完美日记；提到咖啡，能想起三顿半，那么这两个品牌就成功在消费者心智中完成了认知建设，就是具有品牌价值的产品。

如果消费者实在想不起你的品牌，那么退而求其次，至少应该达到品牌再认的程度。也就是说，把你的品牌推到消费者面前，他们能恍然大悟似地说："哦，我想起来了。"在上面那两个盗窃案中，笔者怀疑那些手机的品牌连品牌再认的认知建设都没有完成，难怪连搞定小偷都困难了。

那么，品牌再认和品牌回忆所构成的品牌认知，是如何影响消费者决策的呢？大致说来，品牌认知会在三个不同程度的层次上对消费者施加影响，由低到高分别是：印象优势、入围优势和入选优势。

要理清这三个层面对消费者的影响，先要看一下消费者的购物习惯。其实，虽然你是搞品牌的，但是很多时候你自己也是消费者。回想一下你的购物经历：无论是想买一套房，还是想买一辆车，或是想买一件衣服，你通常都会在很多产品或品牌中权衡吧？即使某个强势品牌让你一瞬间就做了决定，但如果把你的思维放慢，就会发现你仍然有个对比的过程。建设品牌的目的，就在于影响消费者的这个决策过程。

明白了消费者的购物习惯，我们再回来看看印象优势、入围优势和入选优势这三个品牌认知的不同层次。什么是印象优势呢？就是在一堆竞品中，消费者依稀记得你的品牌。只要有点印象，虽然未必你的品牌就是最后中选的幸运儿，但是想想竞争者那么多，至少你的品牌比那些丝毫没有给消费者留下印象的产品多

了很多胜算吧。那么，要如何创建印象优势呢？这个倒是简单，经常露脸就行。当然了，这个露脸，应该是带着鲜明和独特品牌形象的露脸，否则就会浪费销售机会和营销成本。

说完印象优势，再来看看入围优势。顾名思义，所谓入围优势，有点成为候选人的味道。一旦成为消费者的候选品牌，相对于竞品，你的品牌成为幸运儿的概率就高了不知多少倍。要具备入选优势，就必须有清晰的品牌主张和明确的产品卖点，让消费者在一堆竞品中，能成功将你的品牌指定为候选品。此时，你的消费者教育应该已经完成，消费者很清楚你的品牌代表什么，你的档次、质量、价格、服务、调性等等，已经植入了他们的心智中。

最后再来看看入选优势，也就是你的品牌最终击败了一系列对手成功"当选"，成为幸运儿。显然，要成功入选，除了要完成消费者教育，让他们明确知道你是谁、你怎么样以外，还必须具有鲜明的差异化。换句话说，你要告诉消费者，你的品牌和竞品是不同的，你的比其他的更好。更为关键的是：你的这个"更好"，是有的放矢的更好，是满足消费需要的更好。

显然，只有通过科学的品牌理论和高效的品牌打法，进行系统的品牌建设，才有可能成功进入消费者心智，影响他们的决策，从而把竞品打败，使自己的品牌成为成功入选的幸运儿。这就是品牌建设的意义！

二、获得品牌溢价

什么叫品牌溢价？就是同等质量的产品，品牌货的价格比非品牌货的价格卖得高，这个高出来的部分就是品牌溢价。这里有个要点，如果某个产品是因为质量好、用料足而价格高，那不叫品牌溢价，那叫作按质论价。只有在同等质量下，品牌货的价格卖得更高，但依然有人买，这才叫品牌溢价。辛辛苦苦建设品牌的目的是什么呢？就是希望同等成本的产品，你可以比别人卖出更高的价格，消费者不但不会骂你黑心，而且还很喜欢、很享受、很认可。

(一) 品牌比非品牌能获得更高的加价权

一个成本在 100 元左右的小包，如果贴上了 LV、PRADA、COACH 这些知名品牌的标识 (logo)，价格可能会翻几十、上百倍，变成几千甚至几万元。这

第一部分　品牌打法：磨刀不误砍柴工

不是传说，曾经就有好事者去研究时代集团的招股说明书，发现了很多硬核数据。时代集团虽然注册地在中国香港，但主要的生产基地却在广东，其招股书显示，它为国外诸多的奢侈品牌代工长达十多年，长期合作客户包括 FOSSIL、PRADA、COACH、LACOSTE 以及 MICHAEL KORS 等著名品牌。

时代集团于 2011 年在香港上市，它的招股说明书中有两个数据值得我们玩味：小皮具的价格区间在 95~110 元，手袋价格区间在 80~640 元。与之对应的是，PRADA、COACH 等奢侈品包有相当一部分是在中国代工的，PRADA 主力产品售价平均在 2 万元，最低 5000 元左右，最高 5 万元左右；COACH 畅销产品价格在 4500 元左右，最高约 7500 元，最低 3000 元左右。

这意味着，COACH 和 PRADA 等售价 5 千元甚至 1 万元以上的产品，其成本仅为 100~200 元；售价超过 5 万元的产品，其成本也不超过 700 元。其实，不仅 PRADA、COACH 这些奢侈品获得了相比其他同等质量产品的高溢价，即便是耐克、阿迪达斯等非奢侈品牌，也比非品牌产品获得了更高的溢价。

国产品牌的拥护者会觉得这让人匪夷所思了，还有两个已经成为历史的数据会让我们更加震惊。一个是大约在 2000 年，索尼彩电在中国一年所获得的利润，超过了中国所有国产彩电品牌的利润之和；另一个数据涉及的品牌方你可能更熟悉，那就是英国立顿红茶这一个品牌的年产值，一度超过中国整个茶产业 7 万余家茶叶企业的年总产值。

不过现在好了。世异时移，中国的品牌，尤其是新国货的品牌，开始抢占洋品牌的溢价了。比如钟薛高，价格开始向哈根达斯看齐；而喜茶，也有向星巴克看齐的趋势；花西子，则在一堆平价的美妆产品中敢于走中高价路线……这些品牌之所以能获得高溢价，无一不是大力打造品牌的结果。

(二) 卖货的路径依赖

在鞋服行业，你可以观察一下江苏、浙江、福建和广东这 4 个沿海省份的品牌分布情况。

笔者先来说结论吧，基本上，江苏、浙江、福建的鞋服品牌，对广东具有压倒性优势。柒牌、美特斯邦威、海澜之家、雅戈尔、劲霸、七匹狼、红豆、报喜鸟、安踏、361°、利郎、九牧王……在历届公布的全国十大男装品牌、运动品牌和休闲品牌中，除了李宁、以纯等寥寥的几个品牌外，很少有广东品牌上榜。

作为著名的服装生产基地，广东不仅有无数的生产企业，更有一流的流通市场，却出不了著名的品牌，这是为什么呢？因为广东的服装厂和现在那些只想安安静静卖货，不想打造品牌的新国货企业一样，因卖货而形成了路径依赖，错失了打造品牌的机会。

早年，广东毗邻港澳，在出口上比江苏、浙江、福建都更方便。因此广东的服装企业热衷搞出口、搞贴牌、收现钱；而后，依托强劲的制造能力，在广州以及周边都发展出著名的服装批发市场，比如白马市场、十三行市场、虎门市场等。因为有近水楼台的便利，广东的服装企业比江苏、浙江、福建都更热衷于搞批发。

正所谓穷则思变，当时，江苏、浙江、福建的服装企业非常痛苦，它们必须走出一条和广东不同的发展道路，因为在外贸和批发上，与广东正面竞争几乎不可能。而品牌建设，就是一条必然的突围途径，由此造就了这三个省份在服装领域群星璀璨的品牌奇观。而现在的广东服装企业，则只能对着那些它们曾经看不起的同行拥有的高品牌溢价而默默哀叹。

三、积累品牌资产

"品牌是无形资产"，这个说法究竟是提升了品牌的地位，还是把它贬低了，笔者觉得是不一定的。因为，无形资产虽然是一个偏正词组，按理说资产为正，无形为偏，我们更应该关注它的资产属性才对。但是，就资产和无形这两个词而言，无形似乎更高大上一点，能博得更多的眼球，而它偏偏给人的直接感觉就是"没有"，所以才导致很多企业并不重视品牌，谁让它这个资产是"无形"的呢？所以，很有必要把品牌的无形价值展示出来。

(一) 品牌资产真的无形吗

可口可乐的工厂被烧掉之后，它的公司不会死，因为凭着它的品牌，马上就有银行提供贷款，它完全可能在一夜之间又活过来，这个故事你应该听得耳朵起茧子了。但你思考过王老吉和加多宝之争吗？因为商标权之争，王老吉的实际运营者被剥夺了商标使用权，而被迫起用新的商标——加多宝，它一边斥巨资掀起改名的传播狂潮，一边在渠道上把王老吉替换成加多宝。

当你为王老吉这个国有企业"欺负"加多宝这个私营企业愤愤不平时，请换

第一部分　品牌打法：磨刀不误砍柴工

一个观察角度，来看看王老吉。站在王老吉的角度，它的工厂是加多宝的，渠道是加多宝的，甚至连团队也是加多宝的。此时的它，和可口可乐的工厂被火烧后，只剩下一个品牌有什么区别呢？

然而，多年以后，我们认为经营能力低下的国有企业——王老吉越做越好了；而被认为是经营高手的加多宝，却遭遇了经营危机。2017 年是两家公司强弱换位的开始。加多宝公开的销售额是 70.02 亿元，王老吉公开的销售额是 85.7 亿元，王老吉首次实现反超。此后，王老吉一路长虹，并在 2019 年宣称销售额破 100 亿元。反观加多宝，在公开的信息中已经很难查到它的具体业绩，更多的是媒体关于它以往销售数据注水的报道。虽然导致一个企业成败的因素很多，但是在消费者心中"王老吉才是正宗凉茶"这个品牌资产，才是导致二者在分手后业绩拉开差距的根本原因。

(二) 品牌资产是如何形成的

"每一则广告都是对品牌的长期投资。"对"广告教皇"奥格威这句名言，很多人只知其然，不知其所以然。今天我们就来把这句话的"所以然"搞清楚，让你知道品牌资产是如何在品牌建设的过程中形成的。大致说来，品牌资产的积累过程，是同时在两条线上完成的：一条是潜力、一条是助力。所谓潜力，就是品牌的内在潜能，是"产生动力的力"，是品牌自发具有的力；助力就更好理解了，就是推动品牌前进的力。

由于潜力和助力对你搞清品牌的底层逻辑意义重大，因此，笔者还是用一个例子来加以说明。比如，清华、北大等名校并不仅仅是教学上乘，它们的学生资质也非常高，假如把一些高考成绩垫底的学生分配给它们，可以肯定它们的教学产出也会很一般吧。

如果把名校和学生的关系对应到潜力和助力上，那么学生的资质就是潜力，是潜能，也就是产生动力的力，它是内因；而名校就是助力，是推动学生获得更好成绩的因素，是外因。一个品牌要成功，最好在潜力和助力上双管齐下，这样才容易形成成功品牌所需要的合力。

具体来说，品牌潜力可以通过品牌名称、品牌口号、品牌标识、产品、包装等品牌元素来建立品牌形象，以激活品牌潜能、推高品牌势能。也就是说，品牌元素是品牌资产的重要来源，它是可以帮助你积累品牌资产的。因此，无论卖货也好,建设品牌也好,首先要做的工作就是通过塑造品牌形象来激活品牌潜能。

而助力的形成一般都是通过广告、促销、渠道、传播、公关等营销活动,把品牌的信息传递出去,以形成传播拉力、渠道推力或者场景引力。关于助力,最好的总结就是奥格威那句话:每一则广告都是对品牌的长期投资。其实,不仅是广告,销售、公关、直播、促销……所有的营销活动,都是对品牌的长期投资。只不过,正确的营销活动,收获的是正资产,而错误的营销活动,收获的是负资产而已。

关于品牌潜力和助力的作用,还可以用你最熟悉的电商来打个比方:品牌传播和渠道策略这些营销活动有点像电商中的流量,而品牌塑造所形成的品牌形象则像转化。因此,品牌助力越强,流量就越大;品牌潜力越大,转化率就越高。

从这里可以看出,所有的品牌元素和营销活动都可以积累品牌资产,品牌建设并非令人望而生畏的浩大工程。当然了,打造品牌也应该在科学的战略、品牌和营销理论的指导下进行。因为,不当的品牌元素和营销活动既有可能增加品牌资产,也有可能减少品牌资产。比如,乱打折就是一个可能减损品牌资产的行为。

你看,品牌资产像不像把钱放到银行理财?搞品牌,在你目前的销售之外,还会有一笔额外的利息在增值;只卖货,销售一旦停止,就什么也不会剩下。

第二章
品牌动力学：一眼看透品牌建设的底层逻辑

* * * * * *

品牌建设的过程，就是构建品牌动力的过程，把和品牌相关的各种"力"理顺了，品牌建设自然就成功了。这虽然是一个甚为浅显的道理，但是在新国货营销圈、品牌圈中，笔者发现能把这个道理想明白的人并不多。所以，在正式开始拆解成功品牌的案例之前，最好先来把品牌动力的运作机制弄明白。

一、品牌五力与品牌动力学

品牌动力的关键在于各种力都有自己的运行特点。当明白了品牌动力的运行机制后，你不但能对各类品牌的成败进行正确归因，更重要的是，你还能依照这个框架制订科学的品牌建设方案。在本书的案例中，破解成功品牌的方法，也是围绕品牌动力学进行的。

虽然叫品牌动力学，但这个理论的原理非常简单，公式非常简洁。如果要给这个理论"贴点金"的话，可以说它的简洁程度堪与爱因斯坦的质能方程式，也就是"$E=mc^2$"这个公式媲美。当然了，在大师面前笔者还是有自知之明的，之所以提到这位大师，是因为笔者独创的这个品牌动力学借鉴了很多与力相关的物理学术语。大致说来，品牌动力学所谓的"力"来自5个方面。

⊙ 品类战略——减少竞争阻力（品牌潜力方向，内因）。

- 品牌塑造——激活品牌潜能（品牌潜力方向，内因）。
- 品牌传播——形成用户拉力（品牌助力方向，外因）。
- 渠道策略——构建销售推力（品牌助力方向，外因）。
- 绑定场景——产生营销引力（品牌助力方向，外因）。

这5种力，大致可以分为两组：一组是内因潜力方向，包括品类战略和品牌塑造，它们的作用就是让品牌具有"自动自发"的力；一组是外因助力方向，包括传播、渠道和场景，它们的作用是推动品牌前进。完成了对品牌动力学的预热工作，下面就让我们正式进入品牌的动力世界。

二、品类战略——减少竞争阻力

建立品牌的头等大事，就是要确定自己的竞争对手是谁。你可以选择环伺的群敌，俗称进入红海；也可以选择无人的赛道，俗称进入蓝海。所以笔者一直认为，品类战略的意义被很多人低估了。在本书快要完稿的时候，我看到阿芙CEO雕爷的"战略就是生态位"一文，真是"心有戚戚焉"。品类打法，完全就是雕爷那个神秘兮兮的"战略生态位"的迷你版嘛，它真的可以左右，甚至是"创造"一个企业的运气。

(一) 品类战略的意义

以"品牌三部曲"闻名的品牌战略权威、被誉为"品牌资产鼻祖"的戴维·阿克曾在《品牌相关性：将对手排除在竞争之外》一书中说过："在当前的市场中有两种竞争方式：一种是赢得品牌偏好，一种是让竞争者失去（品类）相关性。"我们先来把阿克教授这句学术味很浓的话翻译一下，此句话的大意是说，赢得市场竞争只有两种方法，一种是塑造品牌，让消费者喜欢你；一种就是开创新品类，把对手从你所定义的品类中赶出去。其实，所谓的开创新品类，就是定位派祖师艾·里斯后期的"品类分化"理论。

让品牌以"最快的速度＋最大的力量"影响消费者，是研究品牌动力学的终极目的。显然，正确的品类战略有助于减少这个过程中的阻力。如果品牌能在真空中运行，最容易获得四两拨千斤的营销效果。而这个真空，就是没有阻力的空间,也就是没有竞争对手的蓝海地带,这需要通过优秀的品类战略去达成。

由于品类战略的本质其实就是选择赛道,因此可以用"选择比努力重要"这句话来概括品类打法的意义。可以说,在品牌动力学的5种力中,最容易让你获得成功的,是品类战略;最容易让你轻松成功的,是品类战略;最容易让你获得大成的,还是品类战略。因此,在品牌动力学的5种力中,品类战略是唯一有可能让你"躺赢"的。

事实上,在新国货品牌百强榜中,因为玩转了品类打法而获得成功的案例,比通过品牌塑造、品牌传播等其他"力"而成功的案例,多出了很多。并且,品类打法比任何打法都更简单,因为它的特点就是"降低竞争阻力"。如果品牌动力学的5种力你只想学一个,那就选品类战略,它能给你带来好运气。

(二) 品类分化的虚与实

从"位阶就是位置与阶层,品牌位阶就是品牌的位置与阶层"这个概念来看,品类可以有两种位阶:一种位于战略层面,一种位于品牌层面。其中,战略位阶属于第一位阶,品牌位阶属于第二位阶。与品牌一样,属于第二位阶的还有技术、产品、营销、运营、管理等。在破解 Ubras 和内外的案例中,还会介绍到设计、包装、文案等,通常来说(有例外),它们属于第三位阶。

位于战略层面的位阶,属于"实"的位阶,它通常会涉及产品、技术等一系列真刀实枪的变化;而位于品牌层面的位阶,则主要通过定位的"品类分化"打法完成,只需要在消费者心智中完成分化即可,属于"虚"的位阶。

当然了,在实际的操作中,这种分法并不是非黑即白的那么容易让你辨别,很多案例往往处于虚虚实实的灰色地带。

1. 战略位阶: 实的品类分化

先来看几个处于战略位阶层面的案例。比如本书20个案例中的理想汽车、小鹏汽车,就属于战略层面的品类分化。相对于传统燃油车来说,电动汽车在技术方向、产品功能等方面都进行了革命性的改变,汽车虽然还是汽车,但已经是两个不同品类下的汽车。还有一些产品变动不大,却依然属于战略位阶层面的品类分化。比如,本书20强案例中的内外悦己内衣,因为采用了无钢圈设计,相对那些"悦人"的内衣而言,也属于战略层面的品类分化。

处于战略层面的品类分化，通常都很不容易，因为这往往涉及技术和产品方面的重大升级，甚至是重大革命。战略层面的品类分化，其所依托的产品一般都具有很高的创新性，所以难度很大，也不会经常进行。不过，处于战略层面的品类分化，一般都具有很高的竞争壁垒，容易成为品类代言人，这也算是对创新的奖赏吧。

iPhone 就是这方面的典型代表，它绝对不像功能机中的诺基亚相对于摩托罗拉那样在品牌位阶上进行品类分化那么简单。因为品牌层面的品类分化，也就是定位所说的品类分化，通常换个说法就可以。但是战略层面的品类分化，必须做出实实在在的、与众不同的创新产品，才有可能形成真正的分化。

2. 品牌位阶：虚的品类分化

如果你所在的行业正处在技术停滞期，或者你所在的企业缺乏产品和技术革新能力，是不是就没有办法通过品类战略降低竞争阻力，进入蓝海了呢？肯定不是。通过良好的定位去影响消费者心智，也能获得降低竞争阻力的效果。通过影响消费者认知，也就是换个"说法"就能形成的分化，就是虚的分化。

虚的品类分化，其实就是定位四大打法中的"品类分化"。传统的定位理论只有三种，分别是"抢先占位""关联定位"和"为竞争对手重新定位"。品类分化这个打法，是笔者自己提出来的，在后面的章节中会详细介绍这个打法。在笔者看来，定位的其他三种打法，都可以包含在这个打法之内。

在本书拆解的新国货 20 强案例中，采用品牌层面的品类分化，也就是虚的品类分化案例可就太多了。比如，江小白的"年轻人的酒"、元气森林的"更贵一点的气泡水"、小罐茶的"小罐"、薇诺娜的"药妆"、Babycare 的"一站式母婴购物"、喜茶的"年轻人的第三空间"、奈雪的茶的"年轻女性的第三空间"、古茗的"小镇青年的第三空间"、茶颜悦色的"长沙青年的第三空间"、花西子的"花妆"……都属于这种情况。

当然了，笔者在前面说过，有些品类分化并不能够黑白分明地清晰分出战略层面和品牌层面，也就是难以截然区分出是否涉及产品和技术的变动。比如，小罐茶的产品创新就很小，完全不像电动汽车相对燃油汽车那么具有革命性；但比起传统对手们来说，小罐茶又的确有差异。由此，很多品牌的品类分化，都处在战略和品牌之间的灰色地带。

第一部分　品牌打法：磨刀不误砍柴工

(三) 什么样的品类才是好品类

既然品类战略如此重要，那么什么样的品类才是好品类呢？下面，我们会用4个要素来组成一个简单的"品类检测器"，以后你在制定品牌战略的时候，只需要用这个检测器检测一下，就能大致知道优劣了。

1. 品类的前景

朝阳产业、夕阳产业，仅从这两个词组的字面意思看，你就能知道品类前景对企业成败的影响了。虽然谁都不想在夕阳产业里苟延残喘，但要判断产业的未来方向，往往涉及战略层面的分析，这比仅仅在品牌层面分析难度要大很多，也复杂很多。不过还好，由于本书的位阶是品牌，属于二级位阶，所以下面我们仅就品牌层面来聊聊品类的前景。

首先，能够改善人类生活质量的品类，一般都是好品类。比如，符合环保标准的、健康的品类。在环保方面，电动汽车就是一个非常好的品类；而食品方面呢？无糖就是一个非常好的品类。在这方面，你完全可以举一反三，找到适合自己的品类。

其次，和未来技术发展趋势相关的品类，也是好品类。从社会的发展质量上看，可以分为绝对质量和相对质量。从绝对质量来说，由于技术的进步，全球范围内的所有消费品，其质量和性能都是逐步提高的。因此，如果你所选择的品类，其技术发展趋势符合未来发展方向，那就是好品类。

最后，与社会思潮相关的品类，也是好品类。比如，随着女性地位的提高，能充分解放女性的品类都能获得很好的发展，内外的悦己内衣就是一个例子。不过，社会思潮并不像改善人类生活质量和技术发展趋势的品类那样会保持不断向前和上升的趋势，社会思潮是有可能反复和倒退的。因此，在探究这方面品类时，可以把品牌的生命周期看得相对短一些。

作为中小企业，如果你难以对产业的发展趋势做出正确预测，这里就送你一个小窍门吧：跟着国家扶持的产业方向走，准确性就会高很多。虽然BAT也会错投O2O，但是由于它们都有非常强大的研究机构，总体的误判率会比中小企业低很多。

2. 品类的规模

品类的规模，其实就是市场的容量。这虽然是一个很好理解、也不难估算的指标，但它对企业的发展却至关重要。王思聪为什么要打赌说共享充电宝一定会失败？就是因为这个市场的总体规模太小。

1) 刚性需求与弹性需求

一般来说，刚性需求的品类比弹性需求的品类市场规模会大很多。比如，衣食住行就是刚性需求，娱乐、旅游就是弹性需求。相对而言，前者的市场容量就会比后者大很多。当然了，这是一个粗略的判断标准。在真实的市场中，由于受频次、用量和价格的影响，也有弹性需求总量超过刚性需求的例子。比如，同样是"食"，休闲零食这个弹性需求的市场规模，就比盐这个刚性需求的市场规模大很多。

2) 高频需求与低频需求

在同等客单价的情况下，需求频次高的品类，其市场规模比需求频次低的品类会大很多。比如，同样是洗护类产品，洗发水的规模就比护发素大一些；同样是鞋服，普通服装的市场就比户外服装的市场大很多。一般来说，高频次需求的品类，更适合进行私域和社群营销，因为这一品类可以和消费者更多地建立联系，因此也更容易诞生社群品牌。

3) 全部用户与部分用户

每个人都需要的品类，一般都比部分人需要的品类市场规模大。比如手机、房子、服装、大众食品等，就是人人都需要的品类；而剃须刀、眼镜、面膜等，则是部分人才需要的品类。不过，由于市场竞争的激烈，在真实的市场中，也许一个细分的品类会比大品类更有价值。

4) 总价高与总价低

房子、汽车、手机、电脑、大家电等总价高的品类，比化妆品、服装等总价低的市场规模更大。不过，总价越高的产品进入门槛相应也高，里面往往巨头林立，中小企业很难进入。前面提到的房子、汽车、手机等品类，虽然企业不多，但一般都是巨头在把控市场，竞争难度往往更大。

从单个维度看，上面所列的4个方面都是正确的，但在实际估算品类规模的时候，应该进行综合评估，否则容易得出相反结论。比如，单看需求频次，纸巾、

第一部分 品牌打法：磨刀不误砍柴工

洗发水等快消品肯定比房子、汽车等耐用品频次高，但你却不能由此得出纸巾比房子市场规模更大的结论。因此，有必要把上述4个方面都综合起来组成一个检测器，才会得到较为准确的结论。

3. 品类的竞争

在选择品类的时候考虑竞争，其本质就是考虑总量和人均之间的关系。用温家宝总理曾经说过的"乘除法"，可以很好地理解这个问题："多么小的问题，乘以13亿，都会变得很大；多么大的经济总量，除以13亿，都会变得很小。"

显然，分析某个品类的前景，不能只看市场规模，还要看竞争程度。某些品类虽然总量大，但是由于参与竞争的企业多，所以单个企业的市场份额并不大。比如服装行业，虽然在衣食住行中服装行业排在第一位，但是由于技术门槛低、参与企业多，每个企业所能分到的蛋糕并不大。

而有些市场总量不大的品类，由于参与竞争的企业少，反而可以做到小而美。比如，世界著名的管理学大师、被誉为"隐形冠军之父"的赫尔曼·西蒙眼中的隐形冠军，多数都是这种情形。有一次笔者听他的讲座，他带上了"非常小器"的CEO梁伯强去证明他的观点，让人见识了小而美的市场魅力：一个卖指甲钳的，1年能卖1个亿。

当然了，也有那种市场总量不大，但竞争对手却非常多的市场，比如茶叶市场。在专业上，我们通常用CRn(Concentration Rate)，也就是行业集中度来表示一个市场的竞争程度，其中的n表示有几家企业。在使用CRn这个指标时，笔者自己常常结合用来衡量单个企业的"市场占有率分析法"来进行综合分析。

市场占有率分析法通常用下限、中限和上限三个指标来看单个企业的市场地位。我们通常认为：如果某个企业获得了26%的市场占有率这个下限时，说明它虽然还身处红海，但已经具备脱颖而出的潜质；当它获得42%的市场占有率这个中限时，说明它已经具备良好的市场优势；而当获得74%这个上限时，说明它已经处于垄断地位。

如果把下限、中限和上限这三个指标结合CRn来看，就可以看出市场的竞争情况。比如，在互联网平台型行业，阿里、腾讯、美团、抖音的市场占有率一般都达到或者接近74%的垄断指标，此时的CRn中的n等于1，表明市场的垄断程度很高，这样的市场是很难进入的；不过，有的市场正好相反，比如上面提到的茶叶市场，达到 26% 这个下限的据说有接近 20 家企业，也就是 CRn 中的 n 等于 20，说明市场的碎片化程度很高。

不过，市场是一个复杂的生命体，任何单一维度和单一方法的分析都容易出问题。因此，笔者比较推崇战略界唯一敢和"竞争战略之父"迈克尔·波特叫板的亨利·明茨伯格，他提出的"战略手艺化"思想，非常适合用来应付复杂的市场情况。所谓战略手艺化，就是先有一个粗略的计划和框架，但在实际的操作中，不断根据市场变化进行相应的调整。

比如，以上面所说的垄断型市场和碎片化市场为例，垄断型市场真的不好进入了吗？也未必，垄断的市场往往最容易通过品类分化打法切蛋糕。百事可乐就是以"年轻一代的可乐"分化了可口可乐的市场；喜茶、奈雪的茶等新式茶饮也是用同样的方法抢走了星巴克第三空间的市场；而将在后面分析的植护，则在低档无牌纸巾这个碎片化市场上，以品牌的高维打无牌的低维，获得了超常的发展。

4. 品类的生态

针对新国货的崛起，业内有个共识是这样的：中国的供应链已经超级强大，完全可以支持消费品的大规模创新。如果你所选品类的基础设施非常完善，那么恭喜你，你的产品经理就可以天马行空，去进行产品的升级和创新了；而如果你所在的品类老被供应链卡脖子，未来是否能生存都是个问题，更别说创新了。因此，在考察品类的生态时，供应链的完善程度也是需要考察的因素。

除了供应链以外，分析品类生态时还应该考察所在品类必需的基础设施情况。比如，因为 4G 这个国家基础设施的完善，才有抖音等短视频和直播的兴起。再往前一点看，因为高速公路、高铁和机场等交通网络的健全发展，你才能在电商领域大展拳脚。不要忘了，在 21 世纪刚开头那几年，支付、物流和诚信可是电子商务的三大瓶颈。

另外，消费者的成长、时代的变迁也是品类生态应有的考察点。比如，大家都认为，中国的消费升级和消费者的国家认同意识的提高，是新国货的发展动力。还有，消费者的观念意识也能影响到品类的前景。比如，环保意识、健康意识、维权意识……它们所形成的，往往是一个软环境，它对品牌成败的影响有时比硬环境更大。

第一部分 品牌打法：磨刀不误砍柴工

三、品牌塑造——激活品牌潜能

还记得我们在品类战略那部分提到的阿克吗？对，就是那个被誉为"品牌资产鼻祖"的戴维·阿克。他说，企业可以有两种方式参与市场竞争：选择品类战略、赢得品牌偏好。其实，在对品牌动力学5种力的分类中，选择品类战略和赢得品牌偏好都属于内在潜力，也就是潜能，都是内在的、原生的，是"产生动力的力"。对一个想打造品牌的企业来说，它比传播、渠道、场景等通过营销手段获得的外在助力要重要得多。

(一) 品牌塑造的目的在于激活品牌潜能

大家都知道品牌传播和渠道推广的作用，传播的作用在于消费者教育和广而告之，目的是让消费者知道和喜欢你的品牌；渠道的作用在于把产品推到消费者面前，有产品展示、交易和物流的功能。在真实的市场实践中，很多企业并不搞品牌传播，而仅仅只做渠道推广。由此，我们可以获得一个观察和对比品牌内在潜力和外在助力孰重孰轻的好机会。

我们来假设一种情况：你在沃尔玛看到一个新品牌，它从来没有做过任何品牌传播，但仍然获得了不错的销售业绩。这种情况绝对不算子虚乌有，反而应该很多，对不对？那么，由于这个新品牌选择了正确的品类，因此被安排在竞争并不激烈的货架上，以及它通过良好的品牌名称、独特的标识、具有煽动力的广告语和漂亮的包装等品牌元素所塑造的品牌形象，几乎就是它获得不错的销量的唯一原因了。而这个原因，是品牌内在的、原生的，不依靠广告等传播手段就"与生俱来"的内在力量，也就是品牌潜力，或者说品牌潜能。

在这个假设中，笔者简化了一些信息。比如，能被摆到货架上，本身也是一种推广；一般卖场都会设导购员，也会起到传播的作用；还有占据货架的好位置，可能与进场费有关等。不过，这并不影响我们判断品牌潜力的大小。在这个关系中，我们把因品牌塑造产生的内在潜力和因营销产生的外在助力截然分开了，有利于你正确认识品牌塑造对促进销售的作用。

可以这么说，因传播、渠道、场景产生的营销助力，是每个企业都必须具有的"通用力"，所以在本书的案例分析中，笔者对这种通用力做了"略写"处理；而因品类战略和品牌塑造而产生的品牌潜力，则是致力于打造百年品牌的企业独具的内在动力,因此在本书的案例分析中,笔者对其做了"详写"处理。

显然,品牌塑造的目的就在于激活品牌的内在潜力,它能使品牌在销售过程中具备自动前行的潜能。那么,要如何才能激活品牌潜能呢?这就需要你遵循品牌塑造的原理,运用品牌塑造的方法,进行科学的品牌建设。它的直接产出是品牌形象,间接产出是品牌溢价,长期产出就是品牌资产。品牌形象是消费者进行品牌回忆和品牌再认时的依据,也是驱动他们指名购买的力量。

(二) 你是做品牌的,还是卖货的

在某次在线直播授课时,笔者提到著名的悦己内衣案例,主持人轻蔑地说:"那顶多是个卖货的,不算是品牌。"在新国货圈子里,关于什么是品牌,什么是卖货的争论其实没有断过。不过,你要让他们真的告诉你,他们判断的依据是什么,相信十个人里就有九个半回答不上来。但是,要想搞好品牌,弄清什么是品牌,什么不是品牌其实很重要。否则,你以为你在搞品牌,实际上却是一个卖货的,那就亏大了。

著名的"忒修斯悖论"很多人都听说过,大意是:一艘历经岁月的船,在使用过程中不断拆掉破损的旧木板,换上新木板。当某天这艘船的旧木板被全部换成了新木板后,这艘船还是以前的船吗?其实,拿这个问题问你自己,会让你更迷惑:根据生理学,人体的细胞每隔五六年就会全部重新更换一次,请问重新更换过细胞的你,还是你自己吗?

这可是一个不太好回答的问题。它由罗马帝国时代的哲学家普鲁塔克于公元1世纪提出,赫拉克利特、苏格拉底、柏拉图、霍布斯、洛克等鼎鼎大名的哲学家、政治家都曾为此争执不下。直到现代管理学的"系统论"诞生后,才对这个问题有了一个较为合理的解释。

系统思考大师德内拉·梅多斯在他那本著名的《系统之美》[①]中说:一个系统是由元素、连接和功能这三者所组成的整体。在这三者中,最不重要的是元素,最重要的是连接,功能则由连接决定,连接方式不变,功能就不会变。比如,忒修斯这艘船上的元素就是木板,它可以被随意更换,但是由榫卯结构形成的连接方式,无论对新木板还是旧木板来说,都没有改变,因此,这艘船的功能也不会

---

① 德内拉·梅多斯. 系统之美 [M]. 邱昭良, 译. 杭州: 浙江人民出版社, 2012.

变。所以，这艘船还是以前的船。

同样，我们人体的细胞虽然在不停地新陈代谢，但我们的组织、血脉的连接方式并没有改变，所以人体的功能也不会变。

用系统论的观点来看新国货，很容易就能分辨出谁是卖货的，谁在搞品牌。对于一个产品(品牌)而言，产品、商标、标识、广告语、包装、广告、公关等都是(产品)品牌元素。仅从这上面看，连批发市场的货，很多也都有商标和广告语，包装也美轮美奂。单靠这些，是无法区分卖货和做品牌的。

因此，我们只能求助于系统论的第二个构成要素：连接。对品牌来说，连接是什么呢？显然，连接就是打造品牌的方式。你打造的品牌，符合品牌动力学的基本原理了吗？采用了定位、原型、品牌原力等品牌塑造的方法了吗？因此而激活了品牌的内在潜能了吗？如果是，那你就在搞品牌；如果不是，那你就是一个卖货的。

在真实的市场中，我们经常看到包装搞得"颜值正义"、文案写得惊天动地的产品，却屡屡违反定位、原型等品牌建设的基本法则。我们把它们都叫作"品牌花瓶"，美则美矣，却没有"品骨"，不能激活品牌潜能，也就缺乏真正的市场竞争力，难以获得品牌溢价。这种"品牌花瓶"在强大的流量推动下，也能有一些销售；但促销一停，销量也就停了，不可能激活和利用到品牌"与生俱来"的内在潜力。

当遵循品牌建设的基本原理，采用品牌打法的连接方法塑造出品牌后，自然而然就具备品牌的潜力，在营销等外在助力的推动下，就能获得很好的品牌回忆和品牌再认效果，消费者的指名购买就能顺势达成。此时，我们就可以用系统论的观点给出判断：这就是真正的品牌。

(三) 如何塑造品牌

有了系统论的元素、连接和功能这三个检测器，再来判断什么是品牌塑造就很容易了。品牌塑造的定义繁多，笔者对它的理解是：通过定位、原型等品牌理论进行一系列操作(连接)，让企业拥有一套符号系统(元素)，这套符号系统代表了企业对特定产品或服务的档次、市场和用户的区隔，并赋予这个产品特定的形象、功能、调性和意义。

那么，这个符号系统包括什么呢？它包括你所在行业的品类名称、品牌名称、标识、广告语，以及产品包装、广告表现和应用于你企业的VI(视觉识别)系统等。

这一系列的符号都是在既定的品牌打法下,由上面所说的档次、市场、用户以及形象、功能、调性和意义所限定和决定的,需要维持它的整体性、统一性和持久性。

此时,这套符号系统才刚下生产线,还没有应用到产品和企业上,还没有营销系统的外在助力推动,还没有得到消费者的体验,因此它还不是真正意义上的品牌,还需要品牌应用、品牌传播、渠道推广,才能被消费者认识。这时候你再来理解品牌潜力或潜能就会更加准确。

从狭义的层面来看,此时,品牌塑造的任务已经完成,它已经具备一定的品牌势能,具备内在的品牌潜能了。虽然这个潜能要达到指名购买的效果,还需要一系列的营销助力。但是,它已经是一个集产品品类、功能特性、品牌形象、品牌人格、品牌调性、品牌档次于一身的形象载体,对企业的发展和消费者的决策都具有决定性影响。

显然,品牌塑造的核心任务就在于激活品牌潜能,在同样的品牌传播、同样的渠道策略中,具有潜能的品牌总是比普通品牌更容易进入消费者心智。无论承担助力作用的品牌营销有多优秀,一个具有内在潜能的品牌总是能使其他的环节"好上加好"。

某种意义上,品牌传播和渠道策略这些外在的营销助力有点像电商中的流量,而品牌塑造则像转化,品牌的潜能越大,转化率就越高。企业界常见的一个误区就是:他们宁愿花一个亿去央视砸广告,也不舍得花10万元把广告片拍好。

在央视投放的每一分钱(流量),都受到广告片(转化)的影响。因此正确的做法应该是多花点钱把品牌的形象片拍好,才能提高广告投放的转化率。显然,品牌塑造决定品牌潜能,而品牌潜能决定了你的ROI(投资回报)。

在流量费越来越贵的今天,有智慧的企业总是愿意多花点钱把品牌形象做好,而眼界狭窄的企业却总想省掉品牌塑造这点小钱,而宁愿在流量转化上去吃大亏。从更广的意义上说,这正是做品牌的和卖货的区别所在啊。

四、品牌传播——形成用户拉力

当你通过品类战略进入了一条竞争阻力小、市场前景大的赛道,又通过科学的品牌塑造方法打造出了具有强大原动力的品牌形象后,接下来就需要广而告之,让消费者知道你的品牌了。这个重任,通常都落在品牌传播的上面。关于品

第一部分　品牌打法：磨刀不误砍柴工

牌传播，其实一句话就可以说清楚：消费者在哪里，传播就应该在哪里。

比起品类战略和品牌塑造，品牌传播虽然更容易理解，但却是运作难度更大、消耗成本更多的环节。大致说来，品牌传播主要侧重三个方面的内容：传播媒体、传播任务和传播策略。

(一) 传播媒体：消费者在哪里，传播就在哪里

一直都有人在讲：新国货的兴起归功于 Z 世代的文化自信。对这点，笔者从来都不信。因为，这无法解释为什么元气森林这个看来有点"仿日系"的品牌照样成为新国货的代表，也无法解释名列海豚社这个新国货 100 强排行榜第 14 位的 Babycare 为什么一直要强调自己"design by US(美国设计)"。

1. 新国货真是因为Z世代崛起的吗

事实上，让新国货品牌兴起的真正原因，是传统巨头没有遵循我们上面说的"消费者在哪里，传播就应该在哪里"和"消费者在哪里，渠道就应该在哪里"这两大原则，没有及时深耕年轻用户汇集的新兴社交媒体和渠道，使这里出现了竞争空白，给了实力并不强大的新国货们机会。

这些新兴的媒体和渠道包括小红书、哔哩哔哩、抖音、快手，以及对传统市场，甚至对电商同样具有极大蚕食力的私域和社群。新国货们及时填补了传统巨头们忽视的这个空白市场，玩了一回"山中无老虎，猴子称大王"的游戏而已，和所谓的 Z 世代觉醒，几乎没有关系。

其实，"年年岁岁花相似，岁岁年年人不同"，每一代的人都会老去，而新一代的人又会站上舞台，每一代的年轻人和老一辈都会有些差异。年轻人几乎都具有叛逆意识，在这点上，新一代与老一辈并没有本质不同。因此，新国货们绝对不能忽视传统品牌的力量，想想天猫的淘品牌是如何被传统品牌瞬间攻破的，就应该明白这个戏码完全可能在新国货领域重新上演。

2. 传统品牌不能忽略新兴媒体

传统品牌们的悲哀在于：船大调头难。诺基亚死于此、宝洁系衰于此。在面对年轻一代纷纷抛弃传统媒体和渠道时，它们那针对传统市场的、非常健全的营销系统很难一下调过头来，由此错失了在新兴媒体和渠道上的巨大商机。

现在的年轻人几乎已经抛弃了传统媒体，所以任何一个想把货卖给年轻人的

品牌都不能忽视新兴平台的作用。可以这样讲，针对服装、食品、数码产品、化妆品、小家电等消费品而言，无论你曾经是国内大牌还是国际大牌，如果你的消费者接触点规划忽略了社交平台，那就相当于抛弃了"主流"媒体(渠道)，而主动将自己窄化成边缘产品了。

幸运的是，并不是所有的传统品牌都在沉睡。李宁、百雀羚、回力鞋等老国货在新兴媒体的影响力并不亚于新国货们。相信假以时日，传统品牌在天猫的戏码就会在新国货领域重演。

3. 不要过早判传统媒体"死刑"

新兴媒体固然重要，但是过早抛弃传统媒体也是不明智的行为。传统媒体特别是电视媒体，是 HBG(How Brands Grow) 打法中"大媒体"的主要代表，因为 HBG 打法究其本质就是"央视+超市"，追求的是"大媒体+大渠道=大品牌"，没有央视这样的大媒体是实现不了的。

在微信、电商、抖音和哔哩哔哩等新型媒体兴起后，传统媒体的影响力一直走在下降通道中，导致有些人过早地宣判了传统媒体的"死刑"。这种思想不利于品牌建设，特别不利于大品牌的建设。比如，很多人眼中早就"不行了"的春晚，不但仍然是微信、支付宝、抖音这样的新兴平台争先抢占的制高点，而且还具备让百度、阿里这样以技术著称的互联网公司宕机(因访问人数过多而导致服务器瘫痪)的实力。

所以，传统媒体仍然是新国货们需要高度关注的媒体。在当前的市况中，传统媒体对以下这些类型的品牌仍然具有很好的推广效果：

- 产品总价高的品类，如汽车、房子等。
- 生产技术门槛高的品类，如手机、大家电、电脑等。
- 不方便网络交付价值的品类，如药品、酒类、景区、酒店、家具，当然也包括汽车和房子。酒类不方便网络交付的原因是它的购买渠道和体验场景通常是餐馆，因此也适合通过传统媒体推广；而药品则是因为国家的监管规则。
- 目标消费者是老年人的品类，老年人是传统媒体的主力受众。

第一部分　品牌打法：磨刀不误砍柴工

总体来说，一个品牌操盘手的视野应该关注全部媒体，根据战略规划来给品牌做媒体配称：新兴品牌不能忽略传统媒体，传统品牌不能忽视社交媒体。领悟了这个配称规律的品牌，都容易获得短暂的"对手迟钝"红利。比如，网络新秀拼多多在传统媒体大搞电视冠名权，而传统品牌李宁则在社交平台风生水起，成了国潮代表，都是领悟了这个规律而大获成功的案例。

(二) 传播任务：消费者教育

每个企业都会花不少钱搞传播，那传播的任务究竟是什么呢？大致说来，有两个：一个是信息传递，一个是消费者教育。其中，信息传递侧重产品促销，而消费者教育侧重品牌建设。由于本书是一本专门研究品牌打法的书，所以我们就略去信息传递这个传播任务不谈，而主要来聊聊消费者教育问题。

品牌动力学的5种力并非独立存在，它们之间是相互影响的。比如，越是大众化的品类，传播环节的消费者教育任务就越轻；越是独特性的品类或者新品类，传播环节的消费者教育任务就越重。也可以从渠道和传播的分工来看这个问题，如果媒体的拉力系统没有构建好，也就是基本的消费者教育任务没有完成，那么你在渠道铺货越多，就有可能失败得越快。因此，消费者教育是一个复杂的过程，应该根据产品、阶段、媒体以及渠道、目标、对手和品类的不同而有所不同。

1. 产品不同，消费者教育就不同

如果是低价产品，通常不需要复杂的消费者教育就能达成销售；如果是高价产品，消费者可就没那么容易下决心了，这就需要你通过产品功能、价值对比、品牌形象、企业信任状等方面对其进行品牌知识的建构，才能完成销售任务。同理，针对大众产品、传统产品，消费者教育的任务就轻；而针对新产品、具有独特功能的产品，消费者教育的任务就重。

2. 阶段不同，消费者教育就不同

这里的阶段主要是指某个市场上，消费者接触特定品牌的过程。在他们接触品牌的早期，侧重性能教育，传播任务主要是吸引消费者试用；在他们接触品牌的中期，主要侧重促销教育，目的是让他们抛弃竞品，多购买你的品牌；而在消费者对你的品牌非常熟悉后，则主要侧重品牌文化、品牌故事、品牌情感方面的沟通，以建立品牌美誉度和品牌忠诚度。

3. 媒体和渠道不同，消费者教育就不同

笔者在前面说品牌有势能，其实媒体和渠道也有势能。势能，就是潜能，高价值的媒体和渠道，势能也高；低价值的媒体和渠道，势能就低。如果你的品牌在央视黄金时段、天猫首页打广告，只要露出一个品牌名称和标识，就能起到很好的消费者教育作用；但如果你是通过直通车或百度搜索，甚至是在电线杆上打广告，那就需要在文案上动一番脑筋了。

因此，在高势能的媒体上，侧重进行品牌形象塑造，增加消费者的品牌认知和品牌联想，当然也可以直接促销；在低势能的媒体上，则侧重性能宣传或者促销，以促进消费者的直接购买；而如果是在自己的朋友圈、微信群等私域，那就更容易些，你说啥他们都会有耐心慢慢听了。

另外，如果你的市场在线下，就要注意消费者教育与铺货是分开的，大量铺货的前提是已经有成功的消费者教育，否则你的行动就可能失败。比如，在本书分析的案例中，元气森林通过小红书完成了消费者教育，顺势在年轻消费者同样集中的便利店铺货，因此赢得比较轻松；而江小白早期虽然也通过微博这个新媒体完成了消费者教育，但是针对酒类而言，并没有特别的年轻人渠道，所以经历了较为漫长而痛苦的过渡期。

实际上，即使针对天猫、京东和抖音这样具有媒体和渠道合一特征的平台，那些深谙消费者教育重要性的品牌也是将传播与铺货分开的。比如，在海豚社这个新国货100强榜单上的品牌，尤其是美妆类的品牌，通常都是在小红书"种草"，或者通过微博、微信来完成消费者教育，而在天猫、京东或者线下进行铺货。因为，如果没有社交媒体的消费者教育，在天猫、京东等平台的投放转化率就会很难看。

4. 品类不同，消费者教育也不同

我们曾说品类可以降低竞争的阻力，其实这也是和品牌传播相互影响的。有些品类打法虽然可以让你在市场上没有对手，但却为品牌传播带来了困难。比如，最常见的品类打法就是分出高、中、低档，如果你选择的是高档，那么消费者教育的任务就重。

我们来做个实验，假设你嫌完美日记等彩妆档次不够高，不能给新国货长脸，所以准备推出3000元钱一支的睫毛膏。从品类战略来看，你不但把完美日记、花西子等国货品牌排除在了竞争之外，而且把欧莱雅、联合利华等国际大牌也蹚

第一部分　品牌打法：磨刀不误砍柴工

出去了，所以你在这个领域实际上就进入了一个蓝海地带，因为没有对手嘛。

不过，你在品类端虽然轻松了，却把难题抛给了传播端。要让消费者相信你的产品值 3000 元，即使你采用的是高势能的媒体+高势能的渠道组合，比如在国际航空杂志打广告，在五星级酒店销售，其销售的难度也非常大；如果你是想在年轻消费者集中的小红书、抖音、天猫等平台进行品牌传播，针对你这个产品的档次来说，消费者教育几乎是不可能完成的任务。

5. 直播时代的消费者教育

如今，抖音、快手那样的直播平台已经成为新国货品牌发展的重要通道，在此背景下，通过正确的品牌塑造而激活品牌潜能的任务比任何时代都更重要。抖音是典型的渠道和媒体合一的平台，针对新品牌而言，它缺乏消费者教育，销售主要由秒杀、满就送、满就减等价格因素驱动，或者根本就是靠和品牌关联度并不大的主播驱动，而主播本身就是个性鲜明的（个人）品牌——要不然怎么会有人设、IP 的说法呢？他们多数时候都会抢产品品牌的风头，虽然能带货，但对品牌的塑造作用有限。

在这种情况下，如果品牌本身没有势能，没有内在潜力，一方面可能导致直播销售不理想，或者因为转化率低，而导致主播要求的佣金很高；另一方面，即使产品有销售，当消费者拿到产品后，也很难建立品牌认知，难以形成二次转化。也就是说，在直播模式下，消费者的教育必须通过品牌形象本身来完成。

花西子和李佳琦的关系，可以很好地说明这一点。业界有专家认为花西子是因为李佳琦而成功的。如果我们把这个成功放到"品牌放大器"下检测，就会发现李佳琦对花西子的贡献，主要侧重在渠道功能上。因为李佳琦是一个标准的阿尼玛原型，而花西子是植物原型[①]，两者原型并不匹配。况且李佳琦是啥都卖，在他的眼里并不只有花西子。

从这个意义上说，李佳琦承担的主要是沃尔玛、7-ELEVEn 等卖场的渠道功能，而较少（并非完全没有）承担小红书、央视等媒体的传播功能。因此，花西子的品牌建设，主要依靠李佳琦把产品传递（销售）出去，而将消费者教育的任务，放到了包装、标识、广告语等品牌元素组成的品牌形象上。此时，品牌形象本身

---

① 这两个原型都是荣格理论中的原型类型。阿尼玛是指男性潜意识中的女性成分；植物原型是荣格原型体系中的特殊原型，是自然物原型的一种，可以简单理解为植物意象。

具有的消费者教育功能，能促进花西子完成二次销售和重复消费。

在此，我们需要复习一下前文关于品牌塑造那部分的定义：通过定位、原型等品牌理论进行一系列操作（连接），让企业拥有一套符号系统（元素）。这套符号系统代表了企业对特定产品或服务的档次、市场和用户的区隔，并赋予这个产品特定的形象、功能、调性和意义。

花西子的品牌打法遵循了这一定义：先塑造一个具有高势能的品牌形象，使之自带消费者教育功能，而把品牌推广的渠道任务交给了带货能力极强的李佳琦。当品牌自带消费者教育功能后，李佳琦的直播有没有利润根本不重要，通过他卖出去的每一个产品，都是一颗品牌种子，它将在消费者的心中生根、发芽，最终形成二次、三次、多次销售。

(三) 传播策略：产品即内容

在新国货领域，产品即内容是一个非常流行的说法，很多品牌也正是依靠这个理念获得了发展。比如，三顿半就是一个在产品颜值和玩法上下了很多工夫，让消费者主动传播的成功品牌。其他诸如喜茶、花西子等也都是这方面的高手。然而，在整个传播流程中，这仅是其中的一个切面，要想搞好传播，还有更重要的内容需要你了解。

1. 品牌共创是实施产品即内容的关键

在理解什么是品牌共创之前，我们先来看一个案例。一个新的奶茶品牌，开业两个月就签了 250 家加盟商！这个数字能让很多传统品牌惊掉下巴，因为很多人做了一辈子品牌加盟都还没有突破 100 家呢。它就是"答案茶"，其内容在抖音上有 4 亿的播放量、35 万粉丝。

"答案茶，一杯可以占卜的奶茶，一款具有社交属性的互联网茶饮品牌。茶+灵性=答案，一杯可以解惑的茶，一杯可以给你答案的茶，一杯与心灵相通的茶。"

这是在答案茶官网上的一段介绍。只要在茶杯的腰封上写出心中的问题，并在心中默念 5 遍，当你揭开茶盖的时候，奶茶杯盖上面就会神奇地浮现出问题的答案。

要问答案茶为什么火，很多人都回答说是因为它的魔性答案。的确，这是一个非常吸引人的点。不过，如果能从品牌共创的角度思考，更有利你揭开它成功

第一部分　品牌打法：磨刀不误砍柴工

的奥秘。我们来看看顾客在喝答案茶的时候有什么规定动作，看完你应该就什么都明白了。年轻的情侣们拿到一杯答案茶时，一般都有这样的规定动作：

第一步：写出想问的问题。

第二步：掏出手机做好准备，最好朝下45度角俯拍，因为答案可能稍纵即逝——这不禁让人想起了那个红遍全球的"阅后即焚"的应用。

第三步：双手合十默默祈祷一下，轻轻掀开杯盖——很多情侣在问姻缘呢。

第四步：拍下答案，晒朋友圈。

第五步：已经不重要了，喝茶。

看到这里你肯定早就懂了。显然，让消费者全情参与才使这杯茶具有了强大的附着力，从而达到一炮而红的效果。强化消费者的参与感，就是品牌共创的核心，也是品牌共创的方式，甚至在产品即内容的大背景下，它也是品牌成功的关键。

我们再来看看小米。据小米联合创始人黎万强透露，小米早期的用户全程参与了小米的设计过程，使小米几乎没有花什么广告费，就获得了惊人效果。那么，消费者是如何与小米共创品牌的呢？通过小米论坛的一个数据切片就能略知一二：2012年6月的某周，小米论坛的日均活跃人数在35万以上，每天产生的新帖数（包括回复）在15万以上。

一个企业论坛，用户发帖数超过了多数专门做内容的平台，如此深度的用户参与，必定会产生巨大的传播力。手机业界有一个段子，说是黎万强写的《参与感》一书出版后，立刻成了华为、魅族、OPPO等竞品们的内部教材，让雷军后悔不已。

看了小米的案例，相信大家立刻就能举一反三：这不就是小红书的"种草"吗？其实，"种草"仅仅是品牌共创的一个方面，更为全面的品牌共创，应该学习曾鸣提出的C2M①商业模式。通过充分听取消费者的意见，收集消费者需求，进行产品研发和品牌建设的"反向制造"。涉及C2M的品牌共创，才是高层次的品牌共创。这个层面的共创，才能真正实现产品即内容的传播目标。

2. 比"产品即内容"更重要的是"媒介即信息"

关于媒介即信息，相信搞传播的都不会陌生，它是传播学的大神——活跃于

---

① C2M是英文Customer-to-Manufacturer的缩写，即顾客反向影响生产。

20世纪的原创媒介理论家、思想家马歇尔·麦克卢汉的重要创见。所谓媒介即信息,其含义是:媒介本身才是真正有意义的信息。在麦克卢汉看来,媒介既能决定传播方式,也能决定传播内容。

针对媒介即信息这个划时代的论断而言,或者针对"形式决定内容"这个引申意义而言,产品即内容仅仅是该论断的一个方面。这个很好理解,因为产品仅是无数媒介形式中的一种。

从媒介的形式来看,包装、广告、产品、朋友圈、公众号、店面、官网、小程序等都是媒介的形式。熟悉整合传播的人知道,这其实也是用户接触品牌的触点。在这个框架下去看媒介决定内容,既能让你理解整合传播的精髓,也能看到产品即内容的局限。

3. 比"一个声音说话"更重要的是什么

关于整合营销传播(IMC),很多人最熟悉的就是"用一个声音说话"。也就是所有的媒体、渠道和信息传递方式,都应该去传递品牌统一的信息。这的确是整合营销传播中非常重要的一点。不过,在实际的市场运作中,还有重要性并不亚于"一个声音说话"的地方。只是,由于很多人对IMC不求甚解,仅仅望文生义地理解"整合"的字面含义,由此导致了对这一点的忽视。

这一点是什么呢?就是"不同的用户阶段,说不同的话",或者"针对不同的用户,说不同的话"。不过,要想说好不同的话,首先必须弄清楚用户的不同点,或者说用户阶段的不同点。

从用户的不同来说,有从未听过你品牌的用户,尤其对新品牌来说,这个群体会非常大;也有听过你的品牌,但是尚未产生购买的用户,这些用户非常可能是你竞争对手的用户;当然了,也有已经购买过你产品的用户。

对于已经有过购买行为的用户,也就是你的老顾客,则可以分出很多阶段,这是大家都很熟悉的用户生命周期的内容。比如,以时间段分,可以分出新用户、老用户、已经抛弃你的用户;按销售贡献分,可以分出大用户、中用户、小用户等;按忠诚度分,可以分出死忠用户,也就是只使用你品牌的用户,以及游离用户,即在两个或多个品牌中游离的用户等。

针对这些不同的消费者,在进行品牌传播时,"用一个声音说话"更多体现的是品牌内在精神的一致性,而不是外在表达形式的一致性,否则就会出问题。

第一部分 品牌打法：磨刀不误砍柴工

在大媒体＋大渠道时代，由于转换成本和无法精细切割的问题，所谓的整合营销，更多体现在多种不同的传播媒体上。比如，在中央电视台只打品牌形象，追求全面覆盖；而通过卖场去推行试用装，吸引新用户，或者通过打折促销，去抢竞争对手的用户等，而无法在同一媒体上进行"对不同的用户说不同的话"的操作。

在如今媒体和渠道都已经充分碎片化的时代，整合营销传播的思想比以往任何时代都更有价值。在媒体碎片化时代，不仅可以在不同的渠道和媒体之间"说不同的话"，即使在同一媒体上，也可以说不同的话。小红书、抖音、微信，都可以对用户进行分组，使"说不同的话"成为可能。

以完美日记、花西子等为代表的新国货品牌，已经在私域流量中把"说不同的话"玩得炉火纯青。比如，在公域用钩子产品[①]将用户拉到自己的群，用低价产品使新进群的用户实现第一次购买，向已经购买的用户再推销高价产品等手法，已经是"针对不同的用户说不同的话"的精细运营版了，你将在分析完美日记的案例中看到它对此的精彩打法。

4. 成图率：产品即内容的检测工具

当我们掌握了产品即内容的方法，并且有意识地在传播中运用了这个方法之后，怎样才知道效果如何呢？在此我们推荐一个不错的检测方法：成图率。所谓成图率，就是消费者在购买、使用或者接触品牌的过程中，将它拍成图片或者视频，并且发到微信朋友圈的概率。

成图率是峰瑞资本副总裁黄海提出来的，他认为评价一个品牌受不受欢迎，最好的检测方法就是看成图率。持有类似观点的还有梁宁，她是湖畔创研中心产品模块的学术主任。梁宁在解释什么是品牌的时候说："品牌，就是你愿意和它自拍"。在梁宁看来，你能和多少人建立起真实的互动关系，你的品牌就会有多大潜力。

据说，三顿半咖啡的成图率远远高于一般公司，很多腰部意见领袖、"素人"都是主动拍视频分享，三顿半并没为此投入很多资金。而喜茶也是这方面的高手。看到喜茶的店面了吗？它和其他店面有啥不同？是不是非常简洁、高端？而这个简洁和高端，就是为了方便顾客自拍而刻意为之的：简洁，背景清晰，容易突出

[①] 以低价引诱用户从公域到私域的产品。

人；高端，刺激用户想和它"合影"的欲望。甚至有人提出，成图率应该成为考察产品能否爆红的 KPI 指标。

五、渠道策略——构建销售推力

所谓推力，就是由渠道推动而产生的力，通过渠道的力量，把品牌推到消费者面前而产生购买机会。在某些情况下，销售可以通过渠道这个推力系统独立实现。比如，一些实力较弱的白酒品牌就从不搞媒体宣传，而只是进行区域性的渠道铺货，以小礼品、返点等形式讨好餐馆服务员，也能获得不错的销量。因此，在很多时候，渠道都显得比媒体更加重要。所以你可能听过"得终端者得天下"，但应该没有听过"得媒体者得天下"。

(一) 为什么推力比拉力更重要

虽然优秀的品牌总是推拉并重，但总有一些品类，因为行业属性等原因，品牌方只在意构建推力，而不在意构建拉力。比如，女装就是这样的品类。大约在 2007 年，笔者曾策划过一个女装的加盟打法，叫"散货加盟"，大致的模式是：为已经把店开起来的服装散店（非品牌）提供贴牌的衣服，从外在形象上，使散货加盟店和正宗的品牌专卖店一样，卖的全是专属品牌的衣服；然后再为其输入管理系统，使其从经营能力上达到专卖店的经营水平。这个模式在当年红极一时，曾在一个月内，招了 85 个加盟店。

这个模式为什么会受服装散店的欢迎？这涉及对渠道推力的理解和运用。下面是笔者当年写给服装散店的一段话，相信对你理解推力有帮助。

一般认为，加盟的最大好处就是利用品牌的知名度，但品牌知名度是从哪里来的呢？营销上把服装销售需要的市场动力分两种：一是拉力，一是推力。所谓拉力，就是消费者本身对某个品牌有好感，他们会凭着这个好感主动寻找专卖店购买，也就是这个品牌是对消费者是有拉力的，以纯、美特斯邦威就属于这种品牌。当我们加盟这种品牌时，才能谈得上利用其品牌知名度。

而另外一些品牌，可能你和你身边的业内人都没有听说过，更别指望你的顾客听说过了，怎么可能有拉力呢？那它们怎么销售呢？只好借用店铺，把它推到

第一部分　品牌打法：磨刀不误砍柴工

消费者面前了，这就是推力。

如果你想加盟的品牌正好属于这种牌子，那显然就是品牌在利用你的渠道建立推力，而不是你在利用品牌的知名度去获得顾客了。

看了这段话，相信你对推力这个动力系统的作用已经很明白了。事实上，很多的品牌都是单纯依靠推力而达成销售的，几乎所有的淘宝、京东上的电商卖家，都经历了很长时期这样的过程。只是在消费者慢慢养成"逛淘宝"的习惯后，淘宝才具有传统渠道一般不具备的品牌传播的作用，或者说消费者教育的作用。下面，我们就来说说渠道的两种形态：线上渠道和线下渠道。

(二) 线下渠道：通过二维码"接通天地"

线下渠道包括商场、超市、购物中心、餐馆、酒店、杂货店、无人售货机、无人商店、无人货架等。一些专用渠道如汽车4S店、房地产的销售部等，也是力量强大的线下渠道。

注重通过传统渠道来建立推力的新兴品牌，通常也存在一个短暂的因对手反应迟钝而产生的红利期。比如，美妆黑马完美日记就把"私域"的打法移植到线下，仅通过"加微信送红包(或小礼品)"这么简单的方式，就从传统渠道获得了500万精准用户。这让所有志存高远的品牌建设者都不敢忽视传统渠道仍然潜藏的巨大能量。

进行线下渠道建设的时候，覆盖面是你很容易就想到的关注点，但我们却更强调铺货技巧。比如对二维码的运用，无论传统品牌还是新国货品牌，如果在布局线下渠道的时候，能把二维码的运用场景好好发掘一下，在消费者的所有接触点上都能因地制宜、恰到好处地布置二维码，那么就非常有可能实现以往那些倒掉的O2O(线上线下互通)平台梦寐以求的"接通天地"的效果。

微信小程序的出现，让企业建设网上品牌形象店的门槛大大降低；而"企业微信"的出现，则让品牌管理用户的门槛大大降低。如果能用一个小小的二维码就把线上和线下打通，那么一个空前广阔的"大渠道"战略就会被构建出来。

(三) 线上渠道：线下营销，线上成交

线上渠道主要是指淘宝、京东、天猫、小红书等电商平台。电商是一个特殊

的渠道，不仅在于它兼具媒体和渠道的融合特征，还在于它通过数据化实现的"千人千面"（不同的消费者看到不同的商品），使它对品牌的影响完全不同于线下渠道。因此在品牌建设时对电商渠道的运用，需要高度讲究策略。

理论上讲，各类产品都可以通过电商平台来做销售，但通过它建设品牌则需要进行权衡。因为电商平台是由算法驱动的，在用户狭小的视觉范围内，你的品牌通常被迫与一大堆竞品放到一起，品牌的价值传递被"窄化"为单维度的价格竞争，让消费者很容易忽视品牌的其他优点。这就是电商"强平台，弱品牌"特征的底层逻辑。

虽然电商平台具有媒体特征，但很少见品牌在电商平台进行纯媒体投放的。反过来的倒是有，也就是把电商平台当作纯粹的渠道来用。在互联网界，曾经有一段时间非常流行"全网营销，淘宝成交"的说法。那是因为在早期，新浪、网易、搜狐这样的门户网站没有交易功能，所以那些在门户网站投放广告的品牌就将广告链接到淘宝，便于消费者在看了广告"心动"之后，可以直接展开购买"行动"。

现在，"全网营销，淘宝成交"已经演变成"线下营销，线上成交"了。打开电视，就会发现很多品牌在投放广告时提醒消费者到京东、天猫搜索自己品牌名称。这就为你建设渠道提供了一个非常好的新思路，毕竟相对电商渠道而言，线下渠道的建设不仅花钱，而且花时间，关键还不好管理。

所以，如果你想做的是 HBG 理论那种"大媒体+大渠道=大品牌"的打法，把电商平台作为渠道，实施"线下营销，线上成交"战略，是一个比仅搞线下渠道更为有效的渠道策略。这样的渠道策略，还可以配合私域和社群打法，使你能构建真正的"全渠道"系统。

六、绑定场景——产生营销引力

试着回忆一下过去，有没有发现：无论你回忆什么，总是很快就能和当时的场景发生联系，有时甚至要通过场景才想起某个细节？这就是场景的力量，但它对品牌的作用至今被我们低估。场景是一个顾名思义就能大致知道意思的词，所以我们就不引经据典去解释它了，之所以将它列为品牌动力学五力之一，并且建议你在进行品牌塑造时将它列为标配，是因为它能发挥你意想不到的威力。

第一部分　品牌打法：磨刀不误砍柴工

(一) 场景为什么会有引力

场景为什么会有引力呢？是因为"场+景"这两个东西几乎统摄了消费者可能接触产品的任何触点，它可能是抽象的，也可能有具象；它可能是心理的，也有可能是生理的。

1. 联想和触发

对"念速"这个词很多人都感到陌生，因为这是佛学大师南怀瑾自己发明的词，连佛学词典里都没有收录。南怀瑾在谈念速的时候，是把它与光速来做比较的。比如我们要去太阳，以光的速度行驶大概需要 8 分钟；而用念头，也就是"想"呢，一下就到了，南老先生就把这个比光还快很多倍的东西叫作念速。笔者在这里当然不是要讨论佛学，而是想弄清这个念速和场景的关系。为什么用场景做品牌的标配很重要？因为一旦场景与消费者的需求匹配，也是心念一动，一刹那就可能左右消费者的选择。

用营销术语来说，就是场景同时具有联想和触发的功能，这两个功能可以把品牌价值和消费者需求之间的窗户纸一下捅破。比如，同样是红牛，我们来看看绑定了场景和没有绑定场景的效果是如何的。

红牛现在的广告语是"你的能量，超乎你想象"，其中究竟是红牛有能量，还是消费者有能量？这可能导致的理解歧义就不说了，关键是这个广告语不太容易勾起消费者的购买欲，只有对红牛有了解的人，才有可能对它的功能产生欲望，这不仅是与消费者隔着一层窗户纸的问题，感觉硬是砌了一堵墙。

再来看看红牛以前的广告语："渴了累了喝红牛"，消费场景一下被关联，消费欲望瞬间被触发，加上明确的行动指令，品牌和消费者之间的窗户纸一下被捅破，效果自然就会杠杠的。"送礼就送脑白金""怕上火就喝王老吉""小饿小困喝点香飘飘"……一旦把场景作为品牌的标配，消费者的行动立刻就明确了。如果没有清晰的场景指引，就会缺乏明确的购买诱因，消费者就会犹豫不决，难以决断。

2. 窄化和强化

场景对消费者认知的窄化表现在两个方面。一个是抽象层面的，比如广告语对消费者的影响。当消费者听到"渴了累了喝红牛"这样的行动指令的时候，出于节省能量的生理反应，此时他们的头脑里面不会再去思考其他品牌。此时的场景就起到了窄化消费者认知的作用，有点类似"障眼法"，这个指令遮蔽了他们的认知，让他们的头脑里一时半刻想不起其他品牌了。

另一个是物理层面的，比如在房地产商的售楼处，这个场景中表现的所有元素都是按消费者的接触点规划来完成消费者教育和信息传递的，消费者在这个场景中很难接触其他品牌的信息。很多人在售楼处看样板房时，甚至会短暂忘记真实环境，马上就有了下定金的冲动，此时的物理空间也起到了窄化消费者认知的作用。

无论是心理的还是物理的，在一个特定的认知空间内，竞品被排除在外，品牌元素被相对放大，品牌的价值得到了彰显，这些都能起到强化品牌的作用。

3. 重复记忆

当我们是因为场景才选择某个品牌的时候，那么这种场景通常会在体验产品的时候再现。比如，因为求婚才买的钻戒，买的时候有场景的引导，体验的时候，众多亲朋好友和新娘的关注点都会集中在钻戒上，这个场景会让消费者很难忘记；再比如"怕上火喝王老吉"，你在喝的时候其实也在强化自己的认知协调性，在感受王老吉那种清凉的感觉时，选择产品时指引消费者的场景会被重现；再比如，商场在现场蒸制五常大米，你当时是被它的香气吸引才买的，当回到家后，你会回忆购买时候的场景，与现在的场景形成重复记忆。

在购买后的体验过程中，无论是抽象的场景还是物理的场景，都可能被重现，这个重现的过程就是消费者对品牌加深记忆的过程。所以，最好的品牌宣传就是将品牌销售出去，让消费者体验。当然了，如果产品品质不过关，这个记忆的过程也可能会变成否定的过程。因为有了场景，消费者对品牌会比没有绑定场景的品牌多一次记忆的机会。

(二) 场景绑定的三个层次

在设计场景的时候，你会发现有些场景是抽象的，比如"渴了累了喝红牛"；而有些场景是具象的，比如江小白的"四小场景"：小聚、小饮、小时刻、小心情。我们所建议的品牌绑定，主要是针对抽象场景来说的。物理场景一般是营销、产品层面的事，对品牌本身的意义不大，因为它要么是既定的事实；要么是在品

第一部分　品牌打法：磨刀不误砍柴工

牌层面左右不了的，比如江小白的四小场景，品牌在这里发挥的空间不大。良好的场景绑定大致有三个层次，我们分别来看看。

1. 最高层次的绑定：在品牌名称上表现场景

最高层次的绑定，就是在品牌或者品类名称中体现场景，这样任何一次与消费者接触，都会自动完成一次消费者教育。比如，卡士推出了一个叫"餐后一小时"酸奶，就会使消费者在每次看到这个产品时，脑补使用场景。其他如"江中健胃消食片"，也有类似的效果。当然，最经典的应该是"饿了么"，不但能勾起场景，还以设问句形式强化场景的力量。

不过在品牌或者产品名称上体现场景的局限性比较大。最重要的是这种决定一旦做出，品牌的位阶就会上升到战略层次。如果你所在的品类并不适合将品牌作为战略环节（核心竞争力），那么起一个和场景绑定的品牌或产品名称就要谨慎行事，毕竟一旦有变故，品牌名称可不是说换就能换的。

2. 中级层次的绑定：在广告语上表现场景

把场景表现在广告语上，虽然在这里被列为中级层次，但在实际操作中，它属于高级层次。因为用品牌名绑定场景的机会毕竟不多，所以广告语是一个品牌操盘手发挥场景威力的大舞台，这方面做得好的品牌比比皆是。除了经常"霸屏"的脑白金、王老吉、红牛外，像"吃完喝完嚼益达""经常用脑，多喝六个核桃""小饿小困喝点香飘飘""没事就吃溜溜梅"也都非常好地在广告语上绑定了场景。

这些绑定了场景的案例，你发现有什么规律了吗？这些品牌的广告语，都有明确的行动指令，要么让你吃完饭就嚼益达口香糖，要么让你困了就喝香飘飘，这就使品牌传播同时具有场景关联和行动祈使的作用，效果更好。

3. 普通层次的绑定：在广告或其他地方表现场景

有些品牌考虑到对形象的照顾，或者本来就是原型品牌，觉得在广告语表现场景不符合品牌的调性，通常会把场景放到广告内容或其他载体上体现。这样的确能兼顾品牌调性，不过场景的威力会打折扣。当然了，比起完全不表现场景的品牌传播，这种做法效果还是要好一些。

比如，Jeep 的牧马人汽车，就在广告中说自己是丛林英雄，这种场景绑定，也能让那些越野迷们产生场景联想；再比如月饼、粽子类品牌通常都会在广告中强调场景，毕竟这东西就那么几天才有消费需求，再不强调场景，过了这村就没那个店了。

(三) 绑定场景的注意事项

将场景作为品牌的标配有很多好处，但也不是一搞场景就有效果的，我们不能一味盲干。

1. 与定位符合

首先，设计品牌场景需要符合品牌的定位，不能为了场景而场景。比如，"要想皮肤好，早晚用大宝"，场景是有了，但是违背了定位原则。针对化妆品来讲，不是按时间来分类的，大宝这个行动指令看起来好像是全盘通吃，其实一个目标也触及不到。如果你反驳说：为什么大宝还是能家喻户晓呢？那笔者会回答你说：这是在缺乏竞争的年代，因传播中的"有比没有好"效应导致的。

2. 与调性吻合

其次，设计品牌的场景需要符合品牌的调性。不符合调性的场景设计，短期也许有用，长期就会伤害品牌的内在价值。比如蜜芽的广告语是"生娃养娃上蜜芽"，场景是关联了，但是针对女性消费者来讲，广告语稍嫌粗野，调性明显不合。

3. 不宜强求场景标配

将场景作为品牌的标配，的确应该尽可能把场景融入品牌元素里面。视融入程度的深浅，场景发挥的威力也会不同。不过需要注意的是，站在品牌角度，标配是一种期待，并不是所有的品牌类型都适合与场景挂钩，强行挂钩就会成为一种"泛标配"，那就失去营销意义了，而且也不会有营销效果。

比如，沐浴露本来就是用来洗澡的，你非要将它场景化，来个"洗澡就用某某沐浴露"，那效果肯定不会好。

4. 不和品牌诉求点关联的场景都是伪场景

2017年，农夫山泉推出了"单手开盖"的新产品，包装很精美、设计很科学。由于是针对消费者可能只有"一只手"的情形，比如骑车、健身、游戏、带娃、挤地铁等，这是一个标准的在设计之初就标配了场景的产品。

业界对此是好评如潮，认为这是一个经典的场景营销案例，但我们却不以为

第一部分 品牌打法：磨刀不误砍柴工

然，认为这个场景标配虽然也不错，但算不上经典。为什么呢？这是因为它的场景并没有和水饮料这个品类的卖点保持一致，没有和农夫山泉原本的品牌诉求保持一致。

我们来看看水饮料的卖点应该是什么，或者直接看看农夫山泉自己诉求的卖点是什么。在传播中，农夫山泉一直的诉求都是"自然"，而不是饮用"方便"，这会弱化它原本已经建立好的品牌认知和品牌定位。因此，我们把没有和品牌诉求点保持一致的场景，都叫作"伪场景"。当然，这好像对农夫山泉有点苛责了，毕竟这也算不错的场景标配。

说到伪场景，你可能会想到安全套品牌杜蕾斯，这是一个喜欢利用各种场景搞营销的高手。比如，在夏天暴雨这个场景下，杜蕾斯发现避孕套还可以套在鞋子上趟水，于是就到处发朋友圈蹭"雨"点。由于杜蕾斯是一个标准的"搞笑鬼"原型，所以它那些不断上演的搞笑剧是契合搞笑鬼这个原型内涵的。

杜蕾斯在这方面的努力效果一直都不错，但并不值得其他品牌不加权衡地模仿和学习，因为你的品牌原型并不一定是搞笑鬼啊。如果你公司的老板下次让你抄杜蕾斯的时候，可以把这个原理说给他听。

第三章
原力：就是品牌原动力

* * * * * *

"你的潜意识指引着你的人生，而你称其为命运。"弗洛伊德精神分析学派"王储"、分析心理学派开山祖师、瑞士著名心理学家荣格试图通过这句话告诉我们：左右我们命运的，是一些看不见的力量。这些力量能左右人的命运，当然也能通过人这个载体，来左右品牌的命运。品牌原力就是这样的力量，它能量巨大，却难以驾驭；它一直左右着我们，却不被我们察觉。

一、品牌原力理论的"皮、肉、骨、髓"

如果你对"品牌原力"这个理论名称感到陌生是正常的，因为这是笔者根据电影《星球大战》那句"愿原力与你同在"的经典台词取的名字。原力就是品牌的原动力，它利用人类几百万年来形成的集体潜意识，唤醒潜藏在我们心底的"原型"力量，通过影响人的右脑来达到塑造品牌的目的。

品牌原力理论是笔者在综合了原型和集体无意识理论、文化战略理论、品牌12原型理论等诸多大师级理论后提出的概念。可与定位互补，以定位攻左脑，原力攻右脑，从而把人的右脑这个品牌尚未征服的蓝海地带也开发出来。品牌原力的理论渊源是这样的：

⊙ **底层逻辑**：分析心理学开山祖师荣格的原型与集体无意识理论。

第一部分　品牌打法：磨刀不误砍柴工

- 理论框架：道格拉斯·霍尔特和道格拉斯·卡梅隆的文化战略理论。
- 核心内容：玛格丽特·马克和卡罗·S.皮尔森的品牌12原型理论。

中国禅宗初祖达摩祖师曾用"皮、肉、骨、髓"来形容其弟子功夫的深浅。品牌原力这个理论系统是各位大师们智慧的结晶，这里也借用一下达摩祖师的比喻，让你看清品牌原力的理论源流，以便更好地理解它：

- 荣格的思想是品牌原力理论的"髓"，是品牌原力理论的底层逻辑。
- 霍尔特的思想是品牌原力理论的"骨"，他的文化战略理论是品牌原力理论的思想框架。
- 马克的思想是品牌原力理论的"肉"，她的品牌12原型理论是品牌原力理论的核心内容。
- 原动力则是品牌原力理论的"皮"。

二、原型和集体无意识

哈佛大学研究生院名誉教授杰拉尔德·扎特曼在《顾客是如何思考的》一书中说："我们95%的购买决策，都是在潜意识中进行的。"如果用海上的冰山来做比喻，那么我们能感知到的意识，就是冰山露出水面的部分；常识告诉我们，一座冰山，它的水下部分可比水上部分要大出很多，而影响我们95%购买决策的潜意识呢，则是这座冰山水下的部分。

(一) 什么是集体无意识

从冰山论看，潜意识好像很厉害的样子。但在荣格看来，要论对人精神世界的影响，他老师弗洛伊德所说的潜意识顶多算是毛毛雨，因为支撑潜意识这座冰山的还有海床，海床才是最大的。在荣格的理论体系中，这个比冰山还大的海床，就是"集体无意识"。荣格认为，集体无意识是人类共同的精神遗传，它时刻左右着我们，但却不被人觉察。

按弗洛伊德的理解，无意识（潜意识）主要来自个人早期生活，特别是童年生活中受到压抑的心理内容。但荣格不同意他老师的这种看法，一方面，他认为无意识或多或少都带有个人特性,因此称其为"个体无意识"更恰当;另一方面呢,他又认为个体无意识更深的层面并不来源于个人经验,并非从后天中获得,而是先天就存在的。他认为应该把这两个层面分开来看待,因此,他将这个更深的层面叫作集体无意识。

按照荣格的划分,我们的无意识就有个体和非个体(超个体)两个层面了。荣格认为,个体的无意识只到达婴儿最早记忆的程度,是由冲动、欲望、模糊的知觉以及经验组成的;而超出个体的部分,则包括婴儿出生以前的全部时间,也就是包括我们人类祖先所有的遗传和记忆,它的内容能在世界上所有地方、所有的人心中找到,带有极高的普遍性。它是普遍存在于我们每个人身上的共同心理基础,它是无意识的深层结构,所以荣格把它叫作"集体"无意识。

由此,荣格将人的精神世界分成了意识、个体无意识和集体无意识三个层次。弗洛伊德用冰山来比喻意识和潜意识,而荣格选择用海岛来比喻他的集体无意识:

- 意识:小岛露出水面的部分。
- 个体无意识(潜意识):海平面之下,随着潮汐起起落落,一会能看见,一会看不见的部分。
- 集体无意识:小岛底部从不露出水面,甚至和广大海床连为一体的部分。

(二) 什么是原型

这个世上真有荣格所说的集体无意识吗?按照他的定义,集体无意识是全人类共同的精神遗传,那为什么我们平时一点都感觉不到呢?显然,荣格早就知道你会有这个疑问,为此,他选择用本能和原型(原始意象)来证明集体无意识这个玄而又玄的东西的存在。由于本能和我们要讨论的品牌建设关系不大,所以我们先简单介绍一下,然后再详解介绍品牌影响人类右脑所需要的原型。

首先,本能和原型都是集体无意识的内容。从属性来看,本能是集体无意识生理层面的内容,而原型则是心理层面的内容;其次,本能和原型都一样,不是个体形成的,而是自远古以来由人类集体沉淀的。比如,我们一看见蛇就害怕,一遇到危险就本能地躲避,遇到甜的就想吃……这些都是人类在远古就沉淀下来

第一部分　品牌打法：磨刀不误砍柴工

的集体本能，而不是个体从后天习得的。从某种角度上说，本能是人的行为模式，原型是人的心理模式，它们是集体无意识内容的一体两面。

作为一名优秀的心理医生，荣格通过对诸多病例的观察和总结，发现了集体无意识的存在。对此荣格曾说："虽然对神秘主义的非难经常以我的概念为靶子，但是我必须再次强调，集体无意识的概念既不是思辨性的，也不是哲学性的，而是经验性的。"在他看来，原型中的"阿尼玛"这个概念并不比"节肢动物"等概念更玄乎。

在实证的基础上，荣格还另辟蹊径，从考古学、人类学和神话学领域出发，发现了集体无意识的蛛丝马迹。荣格注意到，某些表现在古代神话、部落传说和原始艺术中的意象，反复地出现在不同的国家、地区和民族中。从结构学上看，这些神话意象往往是高度相似的。

比如，用泥巴造人这个意象，西方有上帝七日创世，按照自己的形象捏泥造人的故事；我们中国则有女娲补天，抟土造人的故事；而在古希腊神话中呢，则是普罗米修斯用泥土和河水调泥造人。再比如，世界每个地方都有"鬼"的传说，无论是大人还是婴儿都很怕鬼，并且，关于鬼的样子，各地也是大同小异……

在荣格看来，这些世界范围内的"不约而同"并不是凭空而来的，也绝不是什么巧合，而是因为这本来就是人类共同的精神遗传，它原本就深埋在我们的意识深处，它一直就是我们的集体无意识沉淀，这就是他所说的原型。

荣格一生识别和描述过众多原型，包括出生原型、再生原型、死亡原型、智慧原型、英雄原型、大地母亲原型。除此之外，荣格还发现许多自然物原型，比如树林原型、太阳原型、月亮原型、动物原型。既然有自然物，应该也少不了人造物，如圆圈原型、武器原型、星形原型等。人造物原型是"符号派"的理论基础，比如华杉在其《超级符号就是超级创意》一书中就有涉及。

荣格说，伟大艺术的奥秘在于从无意识中复活原始意象，他理论中的原型可以是人、事、物，也可以是一个故事、一个形象、一个过程，或者一种精神、一个观念。在荣格的词典里，原型被定义为人类心理中原始的结构性元素，原型包含了能量和情感，普遍地存在于每个人的内心深处。所以，原型就是集体无意识的内容，原型就是集体无意识的功能单位。

荣格认为，人类各种神话、传说，以及相关的文学、艺术都是原型在我们物理世界的投影。如果将原型用于品牌营销，它将爆发出惊人的力量。事实上，只要将意象和品牌连结在了一起，就已经进入了原型的世界；只要引用一个能让我们本能识别而自动激活原型的关联意象，品牌的意义就能够迅速地传达出去。因为荣格认为，原型能道出一千个人的声音，能拨动我们身上从未奏响过的心弦，能释放我们从未想到的力量。

三、为何要整合品牌原力理论

在品牌原力这个理论系统上，笔者处在达摩祖师所说的"皮"的位置，通过我们这张"皮"，把集体无意识和原型的"髓"、文化战略理论的"骨"，以及品牌 12 原型理论的"肉"连在了一起。本来，文化战略理论和品牌 12 原型理论是自成体系的，如果独自运用的话，根本没有整合的必要。但在学习霍尔特和马克两位大师思想的过程中，我们发现两个理论都有自己的缺陷，如果独自运用的话，相对大师们给出的案例而言，效果都会打折扣；而如果将其有机整合，则不但能化解问题，还能威力倍增，具有 1+1>2 的效果。因此，我们就不揣浅陋，硬着头皮对两位大师的思想进行了整合、创新和升级。

(一) 文化战略理论的优缺点

品牌原力理论的思想框架来自文化战略理论，它的主要创建者是道格拉斯·霍尔特。这位新锐的品牌大师兼有学术背景和实战能力，虽居两栖之间，但更偏向实战。他曾是哈佛商学院和牛津大学营销学教授，还担任过著名国际大牌欧莱雅的营销总监。

1. 优点：冲突法

在文化战略理论中，霍尔特最大的洞察在于：他发现品牌的最大动能潜藏在社会观念的冲突之中，潜藏在亚文化的机遇里。并且，他仅仅用"描述主流文化——识别社会变迁——发掘社会观念冲突机遇"这简简单单的三步，就让我们能用冲突法这个非常标准化的流程，顺藤摸瓜地找到力量最大、价值最高的品牌原型，也就是亚文化，这对品牌业界实在是厥功至伟。

2. 缺点：文化解码太复杂

毫无疑问，文化战略是一个非常强大的理论。但是就像一部精密仪器一样，它的"使用说明书"太过复杂，就连霍尔特自己都说，文化创新蕴藏在"社会生活中那些烦琐而难以测度的层面"。这就难怪连李奥·贝纳这样世界顶级的广告公司，在实施万宝路品牌工程的时候，都要经过8年摸索，走了4次弯路，才拿到正确的文化密码。

这就让通过文化战略来打造品牌的难度陡然大增，霍尔特这样的高手还可以依靠天赋妙手偶得，我辈资质平平的人就只能碰运气了。显然，这大大降低了文化战略理论这部"少林易筋经"的实战价值。

(二) 品牌12原型理论的优缺点

文化战略理论的缺点，正好是品牌12原型理论的优势；品牌12原型理论的缺陷，文化战略理论正好可以补上。

1. 优点：12原型可对号入座

马克的品牌12原型理论最大的优点就在于上手容易、操作简单。无论挖掘品牌原型，还是破解原型密码，都可以按图索骥、对号入座。马克和皮尔森合著那本《很久很久以前：以神话原型打造深植人心的品牌》虽然书名很长，但逻辑却很浅显。如果你比较懒，不想把12个原型一次了解完，完全可以把它当成字典那样的工具书，放在身边按需查看。将两个理论对照来看，品牌12原型擅长的落地应用，正好解决了霍尔特文化战略理论最大的难点。

2. 缺点：激活品牌原型太难

在全面理解了荣格的原型和集体无意识、霍尔特的文化战略和马克的品牌12原型理论后，应该多数人都能获得相同的认识：针对品牌建设而言，原型虽然是人类集体"内存"在我们每个个体身上的强大精神力量，但激活它却并不容易。如果没有正确的方法来激活它，它就有可能永远沉睡。

具体来说，每个原型都有其特定的激活方式。这个所谓的特定方式，就是需要挖掘独特的文化密码，去打造相应的原型意象。这里的文化密码和霍尔特所说的文化密码完全相同，其挖掘的方法也几乎一样。如果找到了正确的文化密码，打造了贴切的原型意象，原型就能唤醒；如果仅仅是懂得原型的特征，而不能运用正确的文化密码去打造与之相应的原型意象，那么原型蕴含的强大动能就无法被激活。

与霍尔特挖掘文化密码的过程极度复杂相反，马克运用文化密码去打造原型意象的方法却又太过简单。即使是在分析所谓的典型案例时，她也仅仅只是粗略描述一下原型的基本特征，而没有运用蕴藏在社会、历史、人文中的文化密码为我们示范原型的激活方法和过程。因此，她的追随者很难真正掌握打造原型意象的能力，也就难以激活沉睡的原型。这就是品牌12原型理论最大的缺点和遗憾。

马克的品牌12原型还有一个缺点就是数量太少，无法包含和表现大千世界的真实情况。至于有人说12原型还具有"巴纳姆效应[①]"这个缺点，那是因为他们不懂原型和集体无意识真正的原理，而误将马克的12原型与星座、生肖等同了的缘故。

四、品牌12原型

我们在前面类比过，玛格丽特·马克和卡罗·S.皮尔森的品牌12原型理论是品牌原力理论的"肉"，是核心内容。马克是品牌实战专家，皮尔森是原型和心理学专家，两个人合作来搞品牌原型，是一件创举。他们选出了能量强大、形象正面、涵盖性格范围广、辨识度高的12个原型。由此，让我们在打造原型品牌时有了对号入座的可能。

（一）纯真者：自在做自己

闪耀英国近代诗坛的著名诗人W.H.奥登曾经把世界上的人分成两种，一种是乌托邦信徒，他们活在未来的美好世界中；另一种是伊甸园信徒，他们相信这个世界曾经完美过。这两种人的特点都是纯真者具有的。显然，纯真者的原型适合用来打造那些与善良、道德、纯朴、怀旧或童年有关的品牌，或者在功能上和干净、健康、美德有关的品牌。不过，用纯真者原型来代言的品牌价格不宜太高，中低价位是最好的。

《很久很久以前》这本书的中文版和有些网上的文章把"纯真者"翻译为"天真者"。由于中英文语义差异的问题，如果你喜欢"天真者"这个名字，那么请

[①] 巴纳姆效应(Barnum effect)是指人很容易相信一个笼统的、一般性的人格描述，并认为这种描述特别适合自己，准确地揭示了自己的人格特点。

第一部分 品牌打法：磨刀不误砍柴工

你只关注这个名字"无邪"的一面，而忽略它"无知"的一面，否则你对这个原型的理解就会出现偏差。

1. 纯真者原型素描

座右铭：自在做自己

原型素描：无可救药的乐观派、长不大的人、乌托邦主义者、传统主义者、天真无邪的人、神秘主义者、圣人、浪漫主义者、梦想家

代表品牌：完美日记、三只松鼠、可口可乐、麦当劳、迪士尼

2. 纯真者原型透视

渴望：体验天堂

目标：得到幸福

恐惧：做错事或做坏事而招致惩罚

策略：正正当当做人

天赋：有自信、很乐观

3. 纯真者原型的内涵层次

内心的召唤：对纯洁、善良与朴实的渴求

层次一：赤子的单纯、无邪、依赖、服从、信任他人、理想化

层次二：更新、正向思考、再造、净化、重回应许之地

层次三：近乎神秘主义式体验感、存在而非造作

人格阴影：否认、压抑

(二) 探险家：世界那么大，我想去看看

纯真者希望能够活在天堂，探险家则是主动向外追寻一个更好的世界。探险家所经历的旅程是外在的，同时也是内在的；他们的探险动力来自深切地渴望在外在世界中找到与他们的内在需求、偏好和期待相应的东西。

探险家原型表现的是这种简单的渴望：踏上旅程，进入大自然那生机勃勃、广阔无垠的原野中体验发现的乐趣。因此，某些产品往往很自然地就成为探险家旅途上的道具，比如汽车、帐篷、户外装备等。这类广告的创意一般是这样的：广阔的原野、一望无际的长路、各种风貌的大自然以及浩瀚的星空等。

1. 探险家原型素描

座右铭：世界那么大，我想去看看

原型素描：追寻者、冒险家、标新立异者、流浪者、个人主义者、朝圣者、反叛者

代表品牌：李子柒、星巴克、Jeep、李维斯、CCTV-9 纪录频道

2. 探险家原型透视

渴望：通过自由地探索世界来找到自己

目标：体验更美好、更真实、更令人满足的生活

恐惧：受困、服从、内在空虚、虚无

策略：旅行、追寻和体验新事物，逃离枷锁与无聊

陷阱：漫无目的地流浪；与社会格格不入

天赋：自主、企图心强、能忠于自己的灵魂

3. 探险家原型的内涵层次

内心的召唤：孤立、不满、浮躁、渴求、乏味

层次一：展开新的旅程、走入大自然、探索世界

层次二：找寻自我、个体化、实现自我

层次三：表现自己和自我的独特性

人格阴影：因为太过孤立而无法适应社会

(三) 智者：知识就是力量

智者原型很少或一点也不想去操纵或改变现实世界，他只想了解世界。智者原型的使命就是找到与自己、与世界、与宇宙有关的真理。

当智者的原型活跃在消费者的生命中时，他会对学习产生高度兴趣。所以，如果你的产品鼓励顾客思考，那么就适合采用智者的原型。千万不要对智者颐指气使，也不要对他们强迫推销。智者们希望自己是有能力的、聪明的、能掌控交易的，与其让他们觉得困惑、无能或受到胁迫，倒不如在这个过程中让他们觉得自己是个专家，那么，他们就有可能买你的产品。

第一部分　品牌打法：磨刀不误砍柴工

1. 智者原型素描

座右铭：知识就是力量

原型素描：专家、学者、侦探、预言家、评估者、顾问、哲学家、研究员、思想家、策划人、专业人员、老师、冥想家

代表品牌：得到、知乎、豆瓣、麦肯锡、奥美、叶茂中

2. 智者原型透视

渴望：发现真理

目标：运用智能和分析来了解世界

恐惧：被骗、被误导、无知

策略：寻求资讯与知识、培养自我观照的能力、了解思考的过程

陷阱：动手能力太差，易落入"书生造反，十年不成"的陷阱

天赋：智慧与聪明

3. 智者原型的内涵层次

内心的召唤：迷惑、怀疑，想发现真理的深切渴望

层次一：寻找绝对真理，对客观规律的渴望，寻求专家的看法

层次二：怀疑主义、批判和创新、成为专家

层次三：智慧、信心、精通

人格阴影：教条主义、象牙塔、与现实脱节

(四) 英雄：梅花香自苦寒来

每一个人内心都有英雄原型，它会在必要的时候召唤我们奋勇作战，团结一致抵抗侵略，以达成目标。英雄依自己的原则和目标而活，为自己的价值标准而奋斗，而不管经济或社会的客观条件是否值得。竞争意味着尽最大的能力来争取胜利，不仅求赢，也求公平。

在这个越来越追求精神满足的时代中，英雄的勇气和毅力也可以当成商品来卖。比如，环保上的创新最适合以英雄原型来表现，因为高层次的英雄原型就是以拯救地球为使命的。因此，像新能源汽车、自动驾驶一类因创新而对世界有重要影响的产品，就非常适合选择英雄原型。

1. 英雄原型素描

座右铭：梅花香自苦寒来

原型素描：战士、斗士、救星、军人、获胜的运动员、屠龙手、竞争者

代表品牌：华为、褚橙

2. 英雄原型透视

渴望：靠勇敢、艰难的行动来证明自己的价值

目标：凭一己之力改造世界

恐惧：软弱、脆弱、任人宰割

策略：伺机变得强壮、干练、有力

陷阱：傲慢、没有敌人就活不下去

天赋：才干与勇气

3. 英雄原型的内涵层次

内心的召唤：恶霸欺负人，或是有人想要威吓你或侮辱你；遇到挑战、有人需要你帮忙抵御外侮

层次一：培养势力范围、才能与主宰的本事，并靠外在的成就来体现，同时通过竞争来激励或测试

层次二：像军人一样，为国家、组织、社群或家庭坚守岗位

层次三：运用本身的力量、才能与勇气做一件对自己和世界有意义的事

人格阴影：非赢不可的念头

(五) 叛逆者：规则就是用来打破的

有人常用疯狂购买、大吃大喝、成日追剧、酗酒甚至是吸毒的方式来麻痹自己，不肯清醒面对生命。但是早晚他会因为内心的失落、恐惧、痛苦而开始探索生命自我。我们以为是自己主动开始探索生命的意义，却不知道其实自己是在叛逆者原型的驱使下而做的选择。

大家都知道所谓"禁品"对年轻人具有叛逆者般的吸引力，比如香烟就是例子。因此，如果产品的目标消费者是那些不能融入社会，或是所持的价值观与社会的整体价值观大相径庭的人，那就适合采用叛逆者原型。以这个标准来看，那

第一部分　品牌打法：磨刀不误砍柴工

些具有颠覆性功能的产品、倡导革命性观念的产品都是叛逆者类型。

1. 叛逆者原型素描

座右铭：规则就是用来打破的

原型素描：革命者、恶棍、狂人、敌人、主张破除传统的人

代表品牌：内外、江小白、苹果、哈雷摩托、MTV音乐频道、哔哩哔哩

2. 叛逆者原型透视

渴望：复仇或革命

目标：摧毁（对自己或社会）没有用的东西

恐惧：软弱无能、平凡无奇

策略：颠覆、摧毁或撼动

陷阱：投靠黑社会、以身试法

天赋：嫉恶如仇、极端自由

3. 叛逆者原型的内涵层次

内心的召唤：无力感、愤怒、虐待、折磨

层次一：自认是局外人、不接受团体或社会的价值观，藐视传统的行为与道德

层次二：做出惊世骇俗或是具有破坏性的行为

层次三：成为叛逆分子或革命分子

人格阴影：犯罪或恶行

(六) 魔法师：见证奇迹的时刻到了

刘谦在春晚的走红说明了人们对于魔法师的幻想，只要是能造就"神奇时刻"的东西，都可以算是魔法师的品牌。例如三顿半咖啡的"3秒速溶"；前文介绍过的可以占卜的答案茶……只要产品起源于异国或远古，或是牵涉到某些特殊的仪式，像是焚香礼拜或是摇晃红酒，魔法师的精神就很容易发挥作用。本书破解案例中泡泡玛特的开盒仪式就激活了这个原型。

有时候魔法师的广告会设计得比较玄妙，目的只是要表现出结果有多不可思议，仿佛是有神迹降临。这些广告的特点在于，它们的视觉图像和斗大的字体很不协调，所以消费者一眼就会被吸引。看到这里，想起元气森林标识上的"気"

了吗？显然，神秘感是魔法师品牌的必备元素。

1. 魔法师原型素描

座右铭：见证奇迹的时刻到了

原型素描：梦想家、催生者、创新者、有魅力的领袖、调解人、法师、治疗师或巫医

代表品牌：三顿半、泡泡玛特、抖音、脉动、元气森林、香奈儿

2. 魔法师原型透视

渴望：希望能够了解世界或宇宙运行的基本原理
目标：让梦想成真
恐惧：无法预知的负面结果
策略：提出远景并加以实现
陷阱：产生主宰的心理
天赋：发现双赢的结果

3. 魔法师原型的内涵层次

内心的召唤：直觉、超能力、第六感
层次一：神奇时刻与传奇体验
层次二：心想事成的体验
层次三：奇迹、化梦想为现实
人格阴影：操纵、巫术

(七) 凡人：人人生而平等

凡人希望融入群体，他们平实，讨厌小聪明、虚伪以及装腔作势的人。他们是普通人，是路人甲，是隔壁那家伙；是好公民，是上班族，也是你和我。当凡人的原型表现在个人身上时，即使他很有钱，穿着也会很不起眼（好像人们对广州的印象），他们是操着市井俗语的人，完全看不出一点精英的样子。

对凡人来说，品牌则是联系的手段，可用来证明自己和其他人一样都在使用这种产品，都在认同这个产品的意义。凡人的品牌差不多都具有朴实无华的特性，它的功能在日常生活中运用得很普遍，看起来也很实在，就像群众演员许晓

力坐在马桶上拍的步步高无绳电话广告,也像老干妈的陶华碧把自己的头像印在包装上。

1. 凡人原型素描

座右铭:人人生而平等

原型素描:老好人、路人甲、无名小卒、普通人、隔壁那家伙、务实主义者、上班族、好公民、好邻居

代表品牌:小米手机、老干妈、步步高无绳电话、红星二锅头、大宝

2. 凡人原型透视

渴望:和别人建立关系

目标:归属、融入

恐惧:与众不同、摆架子、最后遭到驱逐或拒绝

策略:培养平凡的固有美德与平易近人的个性、与他人打成一片

陷阱:为求融入群体而放弃了自我,却只换来表面上的关系

天赋:脚踏实地、同理心强、不虚伪

3. 凡人原型的内涵层次

内心的召唤:孤独、疏离

层次一:觉得孤立无援、无人闻问、想要找个伴

层次二:不甘寂寞的人,学着和别人接触、融入、接受帮助与友谊

层次三:人道主义者,对每个人与生俱来的尊严都深信不疑,不因能力或环境而有差别

人格阴影:宁愿受辱也不愿孤单的受害者,或是为了加入帮派而不惜为非作歹的古惑仔

(八) 情人:死了都要爱

情人原型的友情和凡人原型的友情有什么不一样呢?对一般的凡人而言,重要的是接纳和归属,他们要的不是付出;但情人原型正好相反,它需要你全情地付出。从这个角度来看,亲密无间的朋友也可以算是情人原型的一种,将他们联系在一起的,不是肤浅的忠诚,而是更深层的东西。

情人品牌常见于巧克力、化妆品、珠宝、时尚和旅游业。看看德芙巧克力的广告，是那么强调感官、优雅，甚至带点情欲，这是一个能帮人召唤爱情到来的巧克力品牌。任何暗示将带来美丽和性感吸引力的品牌，都是情人品牌。

1. 情人原型素描

座右铭：死了都要爱

原型素描：伙伴、朋友、知己、狂热分子、鉴赏家、感官主义者、夫妻、团队建立者、协调者

代表品牌：德芙巧克力、哈根达斯、维多利亚的秘密、益达口香糖

2. 情人原型透视

渴望：获得亲密感、感官享乐

目标：与喜欢的人一起工作、与喜欢的环境融为一体、做喜欢做的事

恐惧：孤独、没人要、没人爱

策略：在身体、心灵与其他各方面变得更具吸引力

陷阱：尽一切力量去吸引他人、为取悦他人而丧失自我

天赋：热情、感激、鉴赏力、承诺

3. 情人原型的内涵层次

内心的召唤：迷恋、魅惑、坠入情网

层次一：追求更棒的性或更浪漫的恋情

层次二：追求幸福、全心对待你所爱的人或事

层次三：精神之爱、自我接纳、狂喜的经验

人格阴影：关系混乱、沉迷、嫉妒、羡慕、清教徒式生活

(九) 搞笑鬼：嘲弄自己，娱乐大家

搞笑鬼原型常伴我们左右，片刻未曾分离。事实上，它的出现甚至比纯真者原型还早。搞笑鬼内在是小孩的一面，它知道如何游戏和享乐，它是我们的欢乐来源，它以原始的、孩子般的、自然的、好玩的创造力来表达自己。

搞笑鬼常常是最能吸引消费者注意力的原型，因为搞笑鬼喜欢自嘲、喜欢自娱自乐，它似乎是科技型品牌最佳的原型定位，因为年轻人认为高科技产品应该

第一部分 品牌打法：磨刀不误砍柴工

充满乐趣。如果是凡人，其风格是低调、世俗的，但搞笑鬼对这种表现没有兴趣，它并不想融入，而是喜欢看热闹。

1. 搞笑鬼原型素描

座右铭：嘲弄自己，娱乐大家

原型素描：笑星、捣蛋鬼、滑稽的人、擅长说双关语的人、小丑、恶作剧者、喜剧演员

代表品牌：杜蕾斯、百事可乐、M&M's巧克力豆

2. 搞笑鬼原型透视

渴望：快乐地活在当下

目标：玩得快乐、照亮全世界

恐惧：无聊、变得无趣的自己

策略：玩闹、搞笑、创造乐子

陷阱：浪掷青春、虚度年华

天赋：搞笑

3. 搞笑鬼原型的内涵层次

内心的召唤：厌倦、无聊

层次一：生命就像一场游戏、追求乐趣

层次二：将聪明才智用来玩弄别人、从麻烦中脱身、找出避开障碍的门路、变身

层次三：体验人生就趁现在，只在乎今天

人格阴影：自我放纵、不负责任、坏心眼的恶作剧者

(十) 照顾者：让世界充满爱

照顾者原型的象征是生命树，它代表不断的供给与支持。生命树的古老意义是代表繁荣，它以无数的资源滋养我们，有如大地源源不尽地供给人类的所需。在古代，另一个类似的象征是膜拜有着丰满乳房的女神，以女神的丰硕乳房来象征照顾者原型的细心照顾，而我们不用担心她的照顾有朝一日会枯竭。

你可能以为，挖掘照顾者原型最有效的方法就是直接告诉他：你在关心他。

但是，在这个缺乏互信的时代，这么做只会引起消费者的怀疑。那什么才是最有效的方法呢？显然，对照顾者原型最有效的营销，不应该强调品牌对消费者的关心，而应该强调使用这个品牌的消费者对他人的关心。在广告中，消费者应该被描述成关心他人的人，产品和服务要体现出能帮助消费者更有效、更轻松地去照顾他人，才能契合照顾者的原型本质。比如脑白金、飞鹤奶粉……

1. 照顾者原型素描

座右铭：让世界充满爱

原型素描：看护者、利他主义者、圣人、母亲、父亲、活雷锋或者支持者

代表品牌：Babycare、海底捞、脑白金、飞鹤奶粉

2. 照顾者原型透视

渴望：保护他人免受伤害

目标：助人

恐惧：自私自利、不知感恩

策略：为他们尽心尽力

陷阱：吃力不讨好

天赋：热情、慷慨

3. 照顾者原型的内涵层次

内心的召唤：发现有人需要帮助

层次一：照顾或呵护依赖自己的人

层次二：平衡自我照顾与照顾他人

层次三：无缘大慈、同体大悲

人格阴影：牺牲、施展权力、产生罪恶感

(十一) 创造者：只有想不到，没有做不到

当我们发现真实本我后，创造者原型就会来到我们的生命中；当我们意识到与宇宙的创造源头联结后，就开始意识到自己也是创造源头的一部分。创造者原型向来都是异教徒式的。创造者不谈融入，而是自我表达，真正的创造需要无拘无束的心灵和头脑。创造者原型活跃在个人身上时，他们通常都热衷于创造或发

第一部分　品牌打法：磨刀不误砍柴工

明，否则他们就觉得会被闷死。

创造者原型的最高境界，是能促成真正的创新和美丽；而创造者的最低层次，则是为不负责任和自我沉溺寻找借口。创造者通常都受不了产量大、质量差，以及缺乏创新和想象力的产品。因此，如果你的产品与众不同，或者品味不凡，就可以采用创造者原型。

1. 创造者原型素描

座右铭：只有想不到，没有做不到

原型素描：艺术家、创新者、发明家、音乐家、作家、梦想家

代表品牌：钟薛高、三顿半、特斯拉、雕爷牛腩、宜家家居、乐高

2. 创造者原型透视

渴望：创造具有永久价值的东西

目标：让愿景具体化

恐惧：愿景或执行结果平凡无奇

策略：培养艺术控制能力和技巧

陷阱：完美主义

天赋：创造力和想象力

3. 创造者原型的内涵层次

内心的召唤：白日梦、幻想、灵光乍现

层次一：模仿的创意或创新

层次二：让自己的理想得以实现

层次三：创造能影响文化与社会的架构

人格阴影：人生过度戏剧化，生活有如肥皂剧

(十二) 统治者：世界需要秩序

统治者是本我完成发展和圆满的象征，它不只是一个试验性质的阶段，更是我们在世界的展现，是一个强大到足以通过内在和外在来改变生命的本我展现。当统治者原型在生命中起作用时，我们整个人会被统整融合，准备为自己的生命负责。

当你想到统治者原型时，你可能会想到总统、总裁、万能妈妈、严父，或者

任何带有命令、权威态度的人。纯真者认为别人会保护他们，但统治者并没有这样的信念。因为，取得并保持权力，就是统治者最重要的动机。如果你的产品处于相对稳定的领域，或者能在混乱的世界里保证安全，或者具有很高的可预期性，就可以采用统治者作为品牌原型。

1. 统治者原型素描

座右铭：世界需要秩序

原型素描：老板、领袖、贵族、父亲、母亲、政治人物、角色典范、负责的公民、管理者

代表品牌：红旗汽车、奔驰、奥迪、微软

2. 统治者原型透视

渴望：控制

目标：创造繁荣、成功的家庭、公司或社区

恐惧：混乱、被推翻

策略：发挥领导力

陷阱：摆老板架子、独裁

天赋：责任感、领导力

3. 统治者原型的内涵层次

内心的召唤：缺乏资源、没有秩序或者失去和谐

层次一：对自己生活的状态负责任

层次二：在家里、团体、组织或职场发挥领导力

层次三：变成你所处社区、领域或社会中的领导人

人格阴影：专横或操纵的行为

五、如何唤醒品牌原力

在品牌原力理论系统中，唤醒品牌原力是对文化战略和品牌12原型理论融合工作的真正开始，既需要去粗存精，又需要整合创新。因此，我们对霍尔特和马克两位大师的理论进行了大幅度的分拆、重组、整合和创新。大致说来，重组

第一部分　品牌打法：磨刀不误砍柴工

主要针对流程进行，创新主要针对内容进行。升级后的操作流程由三个阶段组成：挖掘品牌原型——破解原型密码——打造原型意象。

不过，由于本书不专讲品牌原型，所以在此只挑和我们将要分析的20个新国货品牌案例相关的阶段来讲，也就是主要侧重讲挖掘品牌原型和破解原型密码这两个阶段的内容。

(一) 挖掘品牌原型

正式实操之前我们先来说一个心法，在实操过程中如果能时时观照这个心法，那么打造出的原型品牌就将是一个极具爆发力的品牌。这个心法是根据"挖掘品牌原型——破解原型密码——打造原型意象"这三个阶段而言的，它就是：挖掘原型要有力、破解密码要准确、打造意象要贴切。

1. 用冲突法挖掘品牌原型

用冲突法来挖掘品牌原型，操作方法分为三个步骤，目的是发现和挖掘市场机会，其结果就是找到具有独特性的亚文化。通过前面的分析我们已经知道：每个亚文化都是一个原型。按照霍尔特的冲突法找到的原型天然就具备爆发力，因为它潜藏在社会变迁的过程中，是在社会观念冲突中发现的。

1) 描述主流文化

品牌要具有独特性，首先就要避免随大流。因此运用冲突法的第一步，就是要看看竞争对手都在用的主流方法是什么；市场流行的主流文化是什么；消费者头脑里面的主流观念是什么。你回答这一连串的"是什么"的过程，就是描述主流文化的过程。

通常来说，一般的品牌都是通过主流文化来创造消费者价值、赢得竞争优势的，而霍尔特则要求文化创新首先要避免在主流文化中找机会，这正是冲突法具备强大威力的原因。因为它首先从流程上就保证了找的原型本身就是蓝海，这才让霍尔特有了连蓝海战略都看不上的底气。

一般来说，品牌总是通过自己认为恰当的文化密码去迎合主流文化。这些文化密码存在于所有的市场活动之中，从产品设计包装、销售方式、市场沟通、服务手册，一直到媒体报道，甚至公司CEO的某次讲话，都有文化密码的印记。

所以，通过了解品牌文化，也能获得主流文化的信息。一句话总结来说，你眼睛看到的，耳朵听到的，只要是和当前市场、消费者、媒体、品牌相关的信息，里面都藏有这个社会当前的主流文化信息。品牌操盘手要善于去观察、分析这些信息，当然，更重要的是要能总结、描述这些信息。

2) 识别社会变迁

对社会的主流文化有了基本认识后，还要像在沐浴的时候感受水流一样，去感受社会不断的变迁。因为社会变迁会改变消费者的观念和习惯，从而对现有的产品、品牌产生疏离、抵触，甚至反对，而这正是文化创新的机会。

霍尔特认为，在任何地点、任何历史时刻，都有不计其数的社会变迁正在发生。你需要关注的是那种能够动摇现有产品消费观念的社会变迁，它使得消费者要么对现有的消费观念产生不满，要么就是在渴望新的消费观念。技术变革、经济兴衰、社会结构以及人口变化都有可能导致社会变迁。

应该说，对社会变迁作用的评价，霍尔特是正确的。但是他认为社会变迁无时不在、无处不在的看法，则相对乐观了一点。首先，社会结构是具有一定稳定性的，不可能天天变；其次，虽然存在多种形式的社会变迁，但是产品和品牌的数量是海量的。如果非要独一无二地利用社会变迁因素的话，即使可以在创新和表现上做文章，那也是僧多粥少，存在品牌太多而社会变迁形式不够的情况。因此，要想顺利地挖掘品牌原型，除了冲突法，还非常有必要引入反射法、定位法等。

3) 发掘社会观念冲突机遇

霍尔特认为，在社会变迁的过程中会滋生出新的社会观念，并且这个新观念会与过去的观念冲突，这就是品牌最佳的"意识形态机遇"。当然了，这种意识形态机遇多数表现为某种亚文化。那么，要如何才能找到这些亚文化机遇呢？在以前，我们既需要通过大众媒体了解信息，也需要深入街头巷尾进行调查研究。但在微博、微信、哔哩哔哩、抖音这些社交媒体兴起后，仅通过社交媒体这一种方法，就可以高效地找到社会观念的冲突点，找到亚文化。

虽然现在微博已经不如当初那么火了，不过微信公众号、微信朋友圈发挥的作用比当初的微博更大。只要我们利用好这些身边的媒体，就非常容易发现社会观念冲突机遇，或者说，通过这些媒体展现出来的主流文化，就可以找到它背后的亚文化机遇。事实上，只要你找到了由社会观念冲突引起的亚文化，也就找到了品牌原型。

第一部分　品牌打法：磨刀不误砍柴工

2. 通过反射法挖掘原型

挖掘原型的另一个方法就是反射法，这是笔者针对玛格丽特·马克的思想总结出来的方法。通过反射法找到的原型已经是成品，可以直接用于破解原型密码阶段。而通过冲突法找到的原型呢，本质是亚文化，还需要通过"转码"成原型才能用在破解原型密码阶段。

为什么要把这个方法叫作反射法呢？因为这是参照马克批评的"投射法"来说的。所谓投射法，就是将前面介绍的12个品牌原型直接对号入座的方法。到了实战环节，你需要更深刻地理解它们之间的不同。因此笔者特意节选了马克的原话来让你看看这两者之间的区别。

1) 投射法

着力去渲染小资、白领、中产、土豪们生活方式的广告有这么一个假设：认为人们希望在广告中看到自己的投射形象，否则他们就不会对广告产生共鸣。用投射法来进行的品牌营销，就是"生活方式营销"，由此产生的生活方式品牌，通常都难以激活原型真正的潜能。

2) 反射法

原型营销的假设刚好相反。我们认为，未获得满足的渴望才会唤醒人们去回应自己所欠缺的内心需求，而不是他们已经有的东西。也就是说，反射法是通过生活方式营销的表象，其实也就是霍尔特所说的主流文化去返照、去反射出消费者内心未被满足的渴望。

由于反射法本身是基于原型"未被满足的渴望"来运作的，因此通过反射法找到的原型天然就是在破解原型密码阶段需要的渴望原型。为了快速领悟反射和投射的区别，你先放松放松，来欣赏一下电视剧《约会专家》中爆红网络的恋爱大法：

若她涉世未深，就带她看尽人间繁华；
若她心已沧桑，就带她坐旋转木马。
若他情窦初开，你就风情万种；
若他阅人无数，你就灶边炉台。

显然，反射法的精髓是：不要去表现原型，或者说消费者的现状，而应该根据他们的身份去挖掘其背后的渴望。只有这个隐藏的渴望，才"反射"了他们内心最强烈的需求，其原理与霍尔特所说的冲突法完全一样。需要说明一下，无论反射法，还是投射法，在马克进行操作的时候都是直接采用12个品牌原型的，也就是不再寻找其他原型。

到这里，我们就学会两种挖掘品牌原型的方法了。如果你的品牌运气好，刚好处在它所需要的社会变迁中，那么冲突法就是最好的挖掘原型的方法；但如果当前的社会观念、消费意识等都比较平稳，那就只能通过反射法来挖掘原型了。

(二) 破解原型密码

在挖掘品牌原型——破解原型密码——打造原型意象这唤醒品牌原型的三个阶段中，破解原型密码是最重要、也是最难的部分。在不断地摸索和思考中，笔者独创了一种破解原型密码的方法：混血原型法。

通过混血原型，可以流程化、标准化地对原型进行解码，从而可以稳定地、可预期地激活蕴藏在原型身上的品牌动能。混血原型，既解决了文化战略理论挖掘文化密码太复杂的问题，也避免了品牌12原型理论解析原型密码太浅层的问题，从而实现对霍尔特和马克两位大师理论的真正升级。

在使用混血原型时，由于涉及创新和升级，因此我们要引入一些相对文化战略和品牌12原型理论来说全新的概念，这个全新的概念就是身份原型和渴望原型。其中，渴望原型负责原力的强弱，身份原型负责原力的精确，通过两个原型的合力，最终实现品牌原力的威力倍增。在破解原型密码这个大阶段，也是通过三个小步骤来实现的。

1. 确定渴望原型

前面我们说过，通过马克反射法获得的是现成的渴望原型，你对它什么都不用做，直接就可以用；而通过冲突法获得的亚文化呢，它只是原材料。因此这第一个小步骤，我们主要来学习如何把亚文化这个原材料"加工"成渴望原型。

如果熟悉荣格原型的基本原理，你就知道亚文化本身就是一个原型，因此转码工作其实非常简单，只需要找到合适的原型，根据亚文化的特点对号入座即可。当然了，由于马克12原型的局限性，有时候你找到的亚文化未必就是马克12原

第一部分　品牌打法：磨刀不误砍柴工

型中的某一个，因此很多亚文化所对应的原型，都是通过社会生活观察得来的原型。

比如，在中国从贫穷走向富裕的过程中（社会变迁），享乐文化正在逐步蚕食苦干文化（社会观念冲突），当前充斥荧屏的"小鲜肉"就是享乐文化中很大的一支（亚文化）。你在马克的12原型中肯定找不到这个叫小鲜肉的原型，要将这个亚文化对应到合适的原型，只能到社会生活中去找。当然了，小鲜肉实际上是荣格理论中的原型，它其实就是阿尼玛（男性心中的女性意象）原型的一种表现。

由于小鲜肉这个原型是在社会观念冲突中发现的，因此它是能量巨大的原型在我们现实生活中的投射。这和在马克12原型中随便挑一个可不一样，它是一个霍尔特说的"意识形态爆发点"，威力无穷。看看李佳琦直播卖口红有多火你就知道了。因此，这种在社会观念冲突中发现的原型，我们也把它叫"渴望原型"，因为它代表了这个亚文化群体的渴望和需求。

2. 确定身份原型

在通过马克的反射法寻找渴望原型时，反射法参照的那个原型就是身份原型。所以我们一直说通过马克的反射法找到的原型是成品，因为两个原型类型都有了。但是，通过霍尔特的冲突法找到渴望原型后，我们还需要以此为参照找到这些渴望者真实的社会身份，这个真实身份也一定代表着某个原型，这个原型我们就把它叫作身份原型。

这样说比较抽象，我们还是举个例子吧。比如，一只癞蛤蟆想吃天鹅肉，但其实它知道只有王子才有资格吃天鹅肉（娶公主）。在这种情况下，王子就是渴望原型，而想做王子的癞蛤蟆就是身份原型。

其实，还有更简单的办法来确定身份原型。那就是以你的产品为参照，你的目标消费者就是身份原型。毕竟不可能脱离产品去找另外的身份原型吧？即使找出来，那也一定是瞄错了方向的原型。需要强调的是，消费者的身份一定要非常准确，一旦找错了，所对应的原型也不可能正确。

在挖掘原型的过程中，你很快就会发现真实的市场是丰富多彩、千变万化的，绝对不是马克的12个原型就能涵盖的。因此，平时我们必须多关注和体验实际的社会生活，才能找到马克书里没有的原型。

3. 用混血原型破解原型密码

在品牌12原型理论中，马克对耐克、星巴克和万宝路三个案例都进行了解码，只是解码过程非常简单，简单到了让人不敢相信的地步。当然，这个"不敢相信"是基于我们看到在文化战略理论中，霍尔特历尽艰辛才拿到文化密码时的感受。

这就让我们在破解原型密码这个阶段陷入了两难：用霍尔特的方法吧，难度极大，而且不能像"生产线"一样实现标准化产出；而用马克的方法呢？虽然可以直接对号入座，标准化是标准化了，但是出品质量却很差，这就需要用到混血原型这个笔者自创的独门心法了。

当渴望原型和身份原型都确定后，就要通过对两种原型的混血来破解原型密码了。其实，这个工作虽然重要但却很简单，只要分别找出两个原型身上的特质，把它们综合起来，综合后得到的原型就是混血原型。通过混血原型，就可以实现标准化、流程化地对原型进行解码并激活了。

- 渴望原型负责原力的强弱：用渴望原型确定原型的行为内容。
- 身份原型负责原力的精确：用身份原型限定这些行为的方向。

为什么要用身份原型去限定渴望原型的行为方向呢？因为任何一个渴望原型都可能有多种行为方向，当不能限定它们的时候，就存在偶然因素，就得靠碰运气，就有可能像李奥·贝纳那样，花费8年时间、走了4次弯路才能解开万宝路牛仔的原型密码。而在我们给出的案例演示中，用混血原型解开这个密码几乎是分分钟的事。

再比如耐克，大家都知道它采用了"英雄"这个渴望原型，但要如何对英雄进行原型解码呢？这是一个大难题，要知道采用英雄原型的运动鞋可不少，李宁的"一切皆有可能"、安踏的"永不止步"其实都有英雄的影子，但像耐克那样成功的仅此一家。可见找到合适的原型与正确解码之间，还隔着成功与失败那么大的距离。

如果按霍尔特所批评的文化正统法及马克所反对的生活方式营销法(但这两种却是那些平庸的咨询公司最常用的广告创作方法)，耐克的英雄形象应该是这样的：

第一部分　品牌打法：磨刀不误砍柴工

- 行动方向：成功、夺冠等高光时刻。
- 广告场景：高大上。
- 人物选型：高富帅/白富美。

但实际上呢，经过原型解码后，耐克的英雄形象是这样的：

- 行动方向：日常训练、沿街慢跑；历经磨难、艰苦卓绝。
- 广告场景：脏乱差的贫民区、灯光昏暗的球场。
- 人物选型：贫困黑人小孩和运动员；即使用乔丹，也尽量避免表现其成功那面，因为耐克曾经推出过乔丹帅气"飞翔"的广告，但3年也没有获得实际效果。

耐克如此反常，这对那些不明白原型和集体无意识原理的人来说就不仅仅是懂不懂的问题，更是信不信、敢不敢的问题了。霍尔特的伟大之处就在于，他深刻而准确地为我们揭示了这背后的原理。但是，要用霍尔特教的方法对原型进行解码的话，那个复杂程度简直到了令人望而生畏的地步，对多数人来说都是可望而不可即的事。

实际上，品牌原力理论还涉及打造原型意象的内容，但是仅看上面的内容，已经可以看懂本书关于品牌原型的案例和原理了，所以在此就不再赘述。

第四章
定位：不会用，就不要说不管用

* * * * * *

从它诞生那天起，定位就是一个饱受争议但却非常有效的品牌工具。它不但能很好地指导人们塑造品牌、建设品牌——因定位成功的品牌在国内外市场不胜枚举，而且常常还能"预测"一个品牌的生死。

一、定位在新国货领域为啥不给力

对定位的态度，在中国分成了截然对立的两派。无论支持还是反对，能"吵起来"的人都是因为不明白品牌的边界和定位理论的边界导致的：当某个企业"不以品牌为核心竞争力"的时候，定位这个因品牌而生的工具自然失去效力。此时支持它的人将徒劳无功，而反对它的人往往也不明所以。

既然很多人认为定位不管用，我们就先来说说为什么它在新国货，严格来说是在电商和私域社群模式下"不管用"的问题。在市场实践中，定位最适合的打法是"HBG"(How Brands Grow) 理论那种"大媒体+大渠道=大品牌"的模式。因为在这样的媒体加渠道组合中，对消费者的教育是浮光掠影式的，教育效果很差。因此，必须依靠定位这个工具，"即使有100个卖点，也只强调一个"，以寻求单点突破的可能。

在"央视+超市"那样的"大媒体+大渠道"的组合中，消费者"心智容量有限，装不下多余的东西""心智厌恶混乱，所以需要简化信息""心智缺乏安全，所

第一部分　品牌打法：磨刀不误砍柴工

以喜欢跟风购买""心智拒绝改变，所以要注意维持品相不变""心智容易失去焦点，所以品牌延伸要谨慎"。这就是定位著名的"五大心智定律"。

消费者的心智为啥这么脆弱啊？在"央视+超市"这样的"大媒体+大渠道"组合中，品牌强调的是"最大公约数"，追求的是"击中"最多的人，消费者教育必然都是浅层的——央视那一掷千金的黄金时段，谁敢去买它个半小时慢慢游说用户啊？所以必须依靠定位这样的"单点突破"工具，对消费者的心智进行"聚焦式"攻击。

但是在电商模式下，特别是在私域和社群模式下，消费者教育变得简单了，我们一直形容私域和社群模式是"抱着消费者教育"。你都把消费者抱着做思想工作了，因此，定位反对的品牌延伸，不怕了；定位要求一个品牌只做一个单品，完美日记们几乎是全品类一起上了；定位要求一个产品只说一个卖点，新国货们只差说自己可以"包治百病"了……这一切，都是因为在电商和社群模式下，在小红书、哔哩哔哩那样的社交媒体和微信群中，品牌可以和消费者深度沟通了。

如果你想不明白这个道理，就想想在没有互联网、没有电商的年代，在定位派大行其道的年代，有没有违反定位心智定律却仍然卖得很爆的品牌？当然有！那就是以安利、雅芳为代表的直销品牌，它们当年走的其实就是现在的私域模式，它们的直销模式同样具备深度教育消费者的能力，区别无非是它们以前在线下，而现在的私域在线上而已。所以，在宝洁连洗发水都要单独出三个品牌的年代，安利、雅芳们几乎啥都卖，却仍然卖得好。

二、定位四大经典打法，学这一种就足够

按照品牌营销界通常的说法，经典的定位方式有3种，分别是：抢先占位、关联定位和为竞争对手重新定位。不过，在融合了《定位》[1]的"寻找空位"、《22条商规》[2]和《品牌的起源》[3]的分化思想后，我们增加了"品类分化"法，将传统的3种定位增加到4种：

⊙ 抢先占位：跑马圈地、抢先成为第一。

---

[1] 阿尔·里斯，杰克·特劳特. 定位 [M]. 王恩冕，译. 北京：中国财政经济出版社，2002.
[2] 阿尔·里斯，杰克·特劳特. 22条商规 [M]. 寿雯，译. 太原：山西人民出版社，2009.
[3] 劳拉·里斯，阿尔·里斯. 品牌的起源 [M]. 寿雯，译. 太原：山西人民出版社，2010.

- 为竞争对手重新定位：通过突出自己的优点，将竞争对手重新归类。
- 关联定位：类似塞上江南、东方巴黎等的定位方法。
- 品类分化：不要更好，而要不同。

在笔者看来，如果你要学习定位，学最后一种，也就是我们总结的品类分化就足够了。因为，这个打法完全可以涵盖其他打法，并且比其他打法适用范围更广、可操作性更强、上手更容易。

虽然你对"品类分化"这个名字有点似曾相识，但业内其实并没有标准的、正式的品类分化这个提法，更没有将其与大名鼎鼎的关联定位、抢先占位、为竞争对手重新定位这三种定位相提并论。不过，还有人提出所谓的"15种定位"方法，已经把定位泛化到失去了指导意义的地步，用那种方法你还可以列出150种定位。

《定位》是一本思想达到巅峰的书。但在这本书中并没有明确列出有几种定位方法，读者只能在相互嵌套的结构、相互包含的内容里去总结。邓德隆就是这样的总结者。我们看了一下当前流行的所谓定位有三种方法的说法，几乎全部来自他在《2小时品牌素养》中的总结。

但《定位》描述的寻找空位这种方法似乎被邓德隆刻意剔除了，可能是因为《定位》把它放到了"追随者的定位"那章中，所以不太显眼；也有可能是追随者这样按角色分类的方法，不符合"完全穷尽，相互独立"的分类思想；还有可能是所谓的寻找空位，某些时候就是邓德隆已经总结出来的"抢先占位"。总之《2小时品牌素养》并没有把它与其他三种定位方法相提并论。

在《2小时品牌素养》成书大约十年之后，被称为"定位体系巅峰之作"的《品牌的起源》出版了。定位创始人里斯开门见山地将其称为"这是我最重要的一本著作"。在笔者看来，《品牌的起源》的分化思想与《定位》寻找空位的方法是一脉相承的。而将其思想表述得更清楚、更完整的，其实是特劳特和里斯两位大师合写的《22条商规》，只不过在那里他们把它称作"定律"。这个被排在第二位的定律就是"品类定律"，它明确指出："如果你不能第一个进入某个品类，那么就创造一个新品类使自己成为第一。"

在品牌建设的实践中，这些名称不同的思想其实描述的大致是一回事，并且使用的频率最高，价值最大。因此，我们特意将这三者合并，取名为"品类分化"，并把它作为定位的第四种打法。

第一部分　品牌打法：磨刀不误砍柴工

三、品类分化打法的落地

⊙ 不要更好，而要不同。
⊙ 开创并主导一个新品类是打造强势品牌的捷径。
⊙ 如果你不能第一个进入某个品类，那么就创造一个新品类使自己成为第一。
⊙ 创建品牌最好的方法并非追逐一个现有的品类，而是创造一个你可以率先进入的新品类。

如果你理解了上面这4句话的真正含义，那么你对品类分化的打法就已经算掌握了大半。如果再结合品牌动力学中关于品类战略的内容，特别是位于品牌层面的、"虚的品类"的内容，了解品类分化就更容易，因为它们本来就是一回事。

（一）不要更好——不是进化

什么是"不要更好"？里斯在《品牌的起源》中有一个很好的比喻：一个新品牌就像是一个新物种，新物种并不是原有物种进化而来的。如果"狮子"是一个品牌，你无法通过改良狮子去创建一个新品牌。因为，无论你如何改良品种，狮子还是狮子。这个改良，就是更好。可以这么说，定位派的人不提倡搞进化。

以小罐茶为例，如果市场上已经有了一个小罐茶，你却想去做一个更好的小罐茶出来，这个就是进化。因为在消费者的认知中，已经有一个不错的小罐茶了，你要想替代这个已有的认知，成本将会非常高。当然，我们这里说的小罐茶是指品牌，而不是产品。产品可以无限升级，但是品牌不要升级、不要进化，品牌进化就会违反心智定律。

品牌为什么不能升级、不能进化呢？除了违反五大心智定律外，还可以用互联网的思想来印证一下。互联网界的产品大神——百度的前产品副总裁俞军在他的《产品方法论》中分享了一个非常精辟的公式，虽然那是用来分析互联网产品的，但所谓大道归一，其原理仍然可以用在品牌上。俞军分享的公式是这样的：用户价值=（新体验-旧体验）-替换成本。下面，我们就用品牌替代互联网产品来拆解一下。

从事实的角度看，有些新品牌的确比其所在市场的龙头品牌好，也就是"新体验大于旧体验"。但是，在这个公式中，用户因采用新品牌而获得的价值还需要减去"替换成本",这个替换成本可能包含对老品牌的处理、接受新品牌的学习成本,以及由此导致的使用习惯的改变、适应等。

经过这一系列的减法后,这剩余的价值还能让用户心动吗?这是不一定的。因为,既然是新品牌,就意味着消费者很可能还没有和它接触过,让他们放弃当前的市场老大,选那个你自己封的"更好",品牌传播的用户教育难度将会非常大。

(二) 而要不同——而要分化

说完"不要更好,而要不同"中的"不要更好",我们再来看看"而要不同"。还是以小罐茶为例,既然不能跟随小罐茶去做"更好",那我"不同"出来一个大罐茶行不行?大罐茶虽然有点搞笑,但方向上是正确的,符合分化的思想。回到小罐茶上来,说实话,小罐茶有点"贪婪",它居然把红茶、普洱、龙井等所有品类全做了。

笔者第一次看到小罐茶的广告,并没有犯职业病去思考它的定位,而是本能地就觉得它不可能把每种茶都做到极致。和笔者一样有相同想法的人应该不会少,毕竟中国很大嘛,这就给"分化"留下了空间。

比如,你可以专做龙井小罐茶、普洱小罐茶或者小罐红茶嘛。中国茶叶市场这么大,每种茶叶的味道甚至饮用方法都不同,通吃式的打法肯定会给对手留下"后门"。因此,合理的分化是非常必要的,既不要过度分化,成了"本来想要蓝海,结果却是蓝色的小水坑";也不要贪多求大,给对手留下分割你的机会。

显然,品类分化的精髓在于:当市场已经存在强大的同行时,不要试图去告诉消费者你比它更好,而是要告诉消费者你和它不同。用里斯的话说就是:"创建品牌最好的方法并非追逐一个现有的品类,而是创造一个你可以率先进入的新品类。"

当然了,这个所谓的"不同"一定要对消费者有价值才行。还记得USP理论吗?就是那个被定位派贬得一文不值的"独特的销售主张",它有三条原则,分别是:每个产品都应该突出一个卖点、这个卖点对手没提过和这个卖点是消费者需要的。当品类选择好后,应该用USP的第三条原则检测一下,也就是要看看你所选的品类是消费者需要的吗?如果不是,那你所选的品类就是一个伪品类。

我们还以小罐茶为例,来看看USP是如何在定位上跨界发挥作用的。比如,上面所说的龙井小罐茶,就是消费者需要的;如果你分化出来一个纸罐小罐茶,以示与小罐茶现在的铝罐区别的话，对消费者就没啥价值了。

我们在品牌动力学中介绍品类战略时，曾说品类战略有虚的品类和实的品类两种方式，实的品类战略属于战略位阶，虚的品类战略属于品牌位阶。而定位的品类分化打法，其实就是其中虚的品类。因此，你在本书后面的章节中，会不断看到品牌动力学中的品类战略和定位打法中的品类分化有重叠和交叉的地方。

四、定位四大打法哪个更牛

抢先占位、关联定位、为竞争对手重新定位、品类分化以及聚焦定位、换维定位等定位派总结出来的新打法，在所有打法中，笔者首推品类分化。这并不是因为它是笔者总结出来的就排在第一，这些打法都是特劳特和里斯两位大师的思想，对我们搞品牌的人来说，只有效果的不同而没有情感的倾向。下面我们就把被"打入冷宫"的其他定位方法也简单介绍一下。

(一) 抢先占位：和品类分化是一回事

为什么要抢先占位呢？特劳特说，领导者可以为所欲为，在短时期内，领导者的地位几乎坚不可摧，光凭惯性就能维持下去。可是，怎么样才能成为领导者呢？

特劳特说："只需你抢先成为第一"；邓德隆认为，在任何一个品类里面，都存在着有价值的阶梯，当这些阶梯空置着没有品牌占据时，你可以一马当先去开拓这个领域，抢先占有这个资源；江南春说，"抢先占位就是封杀品类"。

比如，王老吉就是抢先占据了凉茶这个定位；而前面说的小罐茶呢，也是抢先占据了方便、小罐这个定位。当然了，让定位派最津津乐道的是"果冻就是喜之郎""精油就是阿芙"等。

这时候再看看品类分化，其实凉茶也可以说是从其他类型的饮料中分化了凉茶的定位，而小罐茶则更是从中国笼统的大包装茶叶市场中分化出了"小罐"的定位；至于说果冻就是喜之郎，在果冻本身市场不大的时候，抢先的意义大吗？对比同样市场不大的"没事就吃溜溜梅"，通过场景绑定来塑造品牌，效果可比抢先占位好太多。

还有"烤鸭就吃全聚德"，如果没有相应的市场地位作支撑，这样的抢先定位不会有效果。比如你来个"烤鸭就吃半聚德",在半聚德不为人知的时候,你抢得再快也没有意义啊;而如果本身已经有市场地位呢,这样的定位就是多此一举,还不如采用关联定位打打怀旧牌,来个"全聚德烤鸭,老北京味道",或者"长城故宫全聚德,来了北京不能少",效果一定会比"烤鸭就吃全聚德"好。

所以我们才说,从某种角度看,抢先占位就是品类分化。从哲学的角度看,分化与抢先在某种意义上是一回事:抢先占位是品类分化的市场目标,品类分化是抢先占位的起步动作。

(二)关联定位:先过了广告法那关再说

在美国,由于广告法对关联竞争对手的做法没有限制,所以才有百事可乐这个搞笑鬼的原型品牌一辈子都在蹭可口可乐的热度。但在中国,这个就行不通了。记得好多年前还有"南有茅台,北有皇台""宁城老窖,塞外茅台"等广告,现在早就绝迹了,因为这违反了中国的广告法。

虽然广告法规定很严格,但也有品牌采用曲线救国的方法,非常隐性地玩起了关联定位,郎酒就是这样的玩家。在广告中,郎酒说自己是"中国两大酱香白酒"之一,非常含蓄地关联了茅台这个中国知名的酱香白酒。隐晦的确是隐晦一点,但是对白酒的重度消费者来说,懂的人也不少。

要说茅台的确是个金字招牌,至少给关联定位贡献了不少案例,否则这一段还真不好写。老写国外的不但案例老套,关键是中国读者对它无感,很难快速理解关联定位的操作要点。

这里就来再说一个和茅台有关的、经典的关联定位案例。经常喝酒的人肯定能想起来,那就是"茅台镇传世佳酿"小糊涂香。要是茅台酒所在的那个镇不叫茅台,这么聪明的操作手法我们就看不到了。至于在小糊涂香之后出来的一大堆号称出自茅台镇的酱酒新品牌,那已经违反"而要不同"的定位原则,结果也就可想而知了。

虽然有点借船出海的威力,但总体来说,关联定位在实操中没有太多的用武之地,还是那个原因:广告法限制。不过也是,要对这个不限制的话,那再好的品牌也会被跟风者们玩坏。

第一部分　品牌打法：磨刀不误砍柴工

(三) 为竞争对手重新定位：对手强势中的弱点不好抓

为什么要给竞争对手重新定位呢？特劳特回答说，因为消费者头脑里的"空位太少，公司必须通过给已经占据人们心智的竞争对手重新定位来创建空位"。比如，中国第一个遨游太空的宇航员是杨利伟，第二个是谁你知道吗？这些"第一"已经占据了消费者的头脑，导致后面的第二第三没有机会，所以必须想办法对第一重新定位，后面的品牌才有机会。

看了前面的分化打法你会发现，这种情况其实采用品类分化就可以解决，没有必要非要对竞争对手重新定位。比如，第一个上太空的女航天员，就是一个分化的方法；或者说，为对手重新定位本身就是品类分化，比如百事可乐的"新一代的选择"、江小白的"年轻人的酒"等。

并且，《定位》列举的所有关于重新为竞争对手定位的案例，在中国都行不通，因为它不仅仅涉及关联定位的问题，还直接去攻击竞争对手。

邓德隆应该也看出了广告法对这个打法的限制。在《2小时品牌素养》中，把里斯和特劳特总结的"商战四大战法"也放到这个打法中了，也就是强调去抓竞争对手"强势中的弱点"。

但是，对手哪有那么多"强势中的弱点"让你去抓呢？当然，在中国也能找到合法攻击竞争对手并且成功的案例。比如，农夫山泉号称自己是"天然"的水，暗示对手都是经过加工的产品，不过这种机会真不多。

事实上，由于定位派刻意在定位领域玩"内卷化"，还有类似老板吸油烟机聚焦于吸力大的"聚焦定位"、江小白社交酒的"换维定位"，我们觉得要么没有分类的意义，要么本身也属于品类分化。

在了解了以上原因后，你再来看看品类分化，是不是显得价值大多了？事实上，如果你精通了品类分化，其他方法你就差不多也会了。因为，抢先占位和它差不多，而关联定位和为竞争对手重新定位又不常用。

第五章
定位攻左脑，原力攻右脑

* * * * * *

定位和原力，是品牌实战领域的两座高峰。总体而言，定位适合品牌的理性诉求，原力适合品牌的感性诉求，套用叶茂中在《冲突》中的句式来说就是：定位适合进攻人的左脑，原力适合进攻人的右脑。显然，一个优秀的品牌操盘手只有同时掌握定位和原力这两门理论，才具备让品牌全方位影响消费者左右脑的能力，也才谈得上真正具备品牌实战能力，从而具备真正的职业竞争力。

一、左右脑分工与品牌打法

在主流的品牌实战理论中，如果以实战特点来看的话，我们似乎可以把瑞夫斯创建的 USP（独特的销售主张）理论叫作"卖点派"，把奥格威的品牌形象理论叫作"形象派"，而里斯和特劳特创建的定位理论呢，我们可以把它叫作"定位派"。以此类推，我们还可以把霍尔特的文化战略理论叫"文化派"、马克的 12 原型理论叫"原型派"。品牌原力理论呢？由于师法荣格，自然也应该归入原型派了。

但是，如果以美国心理生物学家罗杰·斯佩里的"左右脑分工理论"来看的话，那又是另外一种分法了。根据斯佩里这位获得 1981 年诺贝尔生理学或医学奖的科学大神的研究表明，人类的大脑可以分为左右两半，分别有着不同的功能，大致说来，左脑负责和理性相关的功能，而右脑则负责和感性相关的功能。

第一部分　品牌打法：磨刀不误砍柴工

罗杰·斯佩里认为，我们的左脑应该称为"理性脑"，它的主要功能在于处理文字、数据等抽象信息，有理解、分析、判断等抽象思维的功能，具有理性和逻辑性的特点；右脑则应该称为"感性脑"，它的主要功能是处理声音、图像等具体信息，有想象、创意和灵感等功能，具有感性和直观的特点。

现在再来看看上面那些品牌流派，显然，卖点派和定位派都是偏向理性多一点，而形象派、文化派和原型派呢？肯定是偏向感性多一点了。基于这个理由，我们完全可以把卖点派和定位派归入"左脑派"，而把形象派、文化派和原型派都归入"右脑派"。

如果一个产品功能卖点突出，技术创新性强，或者产品本身处在新市场、新领域，此时通过理性描述产品卖点和市场优势去影响消费者的左脑显然更容易获得成功。此时，用定位这个左脑派理论来塑造品牌当然就是最好的选择；但是，如果某个产品身处竞争激烈的市场，产品功能与竞品高度相似，或者产品本身具有很强的人文属性，那就应该避免从理性的角度试图通过定位去影响消费者的左脑，而更应该从感性角度，通过影响消费者的右脑去塑造品牌。

在定位派无能为力的领域，用原力理论去开拓人类右脑这片蓝海是有科学依据的。只是品牌营销界一直没有人以更高的视野，把所有的理论都按影响人体脑区的不同分出"左脑派"和"右脑派"，导致这么多年大家都在一窝蜂地用定位这个左脑派工具挤在左脑忙活——用时髦的话说，都内卷化了——却忽视了右脑这个空白地带、蓝海地带。

因此，为了适应真实的市场需求，一个优秀的品牌操盘手只有同时掌握定位和原力这两门理论，用"定位攻左脑，原力攻右脑"，你打造的品牌影响力才能对消费者的左右脑实现全方位覆盖。否则，一旦遭遇定位的盲区，你对品牌的塑造工作必然就会陷入和加多宝、沃尔沃一样的境地。

二、定位+原力：双剑合璧，威力升级

在介绍定位时我们说，它的操作简单粗暴，它的效果立竿见影；在介绍品牌原力时我们说，它是威力无穷的品牌塑造神器。如果将这两个工具合并……你说，它是会像我们合并霍尔特的文化战略理论和马克的品牌12原型理论那样威力倍增呢，还是会相互克制，出现1+1<2的情况？这一节，我们就来把这个谜底为你揭开。

第五章 定位攻左脑，原力攻右脑

稍微了解定位理论的人都知道，百事可乐的定位是"新一代的选择"。道行更深一点的就能津津乐道那个著名的"攻击对手优势中的弱点"的进攻战打法，在定位派列出的案例中，百事可乐可以说是作为经典中的经典来供奉的。

可能很多人不知道的是，百事可乐同时也被原型派们列为经典案例。比如，原型派"文化战略理论"的创始人道格拉斯·霍尔特在表明自己曾经给很多知名品牌做顾问时，列出的第一个服务对象就是百事可乐；而"品牌12原型理论"的创始人玛格丽特·马克呢，则将百事可乐作为12原型中"搞笑鬼"原型的代表案例。

定位派和原型派都在抢着解释经典案例，都想将那些超级品牌的成功原因"据为己有"。我们的确可以用鄙夷的眼光看这些门派的"摘桃"行为，但细想一下，有没有这么一种可能呢？那就是这些门派都没有错，而是他们抢的那些案例真的是同时暗合了几种理论的法则，从而非常幸运地成为品牌中的"令狐冲"，身上兼具几个门派的十全武功。

那么，百事可乐身上同时体现定位派和原型派功夫的地方在哪里呢？在我们看来是这样的：首先，在被可口可乐不断欺负的过程中，百事可乐先是通过"5分钱能买两份货"的大瓶装策略让可口可乐手忙脚乱，暂时性地取得了成功。最后又拿到了定位派认为的终极武器，在将自己定位成"新一代的选择"的同时，顺便给可口可乐贴上了一个"老土"的标签——谁让它老说自己是正宗的可乐呢？这就是所谓的进攻战要攻击"对手优势中的弱点"。

好，轮到原型派上场了。为了表现百事可乐"年轻"的定位，它选择了用"搞笑鬼"这个原型来处处和可口可乐作对，比如马克就在自己的代表作《很久很久以前》一书中多次专门谈到百事可乐的案例。她认为，将搞笑鬼原型"发挥到极致的是百事可乐，不带恶意地嘲弄着有时看来故作天真者的可口可乐"。下面，我们就来看看百事可乐是如何以搞笑鬼这个原型形象诠释和强化"新一代的选择"这个定位的。

长期以来，百事可乐都是以一连串新鲜有趣的故事来滋养其搞笑鬼原型的。例如，在一则广告中，在一个"考古"现场，"未来"的教授和学生发现了一个20世纪90年代的古物。他们一个个核对历史数据，发现这是可口可乐的瓶子，但这个名字已经消失得太久，没有人知道它是什么。当然，他们是一边喝着百事可乐，一边惊叹这个消失的古物的。

第一部分　品牌打法：磨刀不误砍柴工

百事可乐以及它的广告公司BBDO对搞笑鬼原型精神的直觉认识已经成功转换到一个非常稳定的和善、顽皮的恶作剧形象，总是对"做作"的可口可乐开玩笑。从最早的"百事挑战"到今天的广告："一位有着教父般声音的小女孩，挑战那些想拿可口可乐骗她喝的人"，这些故事从来都不会过时。

显然，在百事可乐这个案例上，定位派和原型派的智慧都得到了极大的展现，并且进行了默契而充分的"合作"，使我们有理由相信这两大利器合璧的可能。事实上，定位派与原型派在同一个案例上相互交融并且取得超级成功的案例可不仅百事可乐一例。洋品牌中的星巴克、耐克；老国货中的脑白金、飞鹤；新国货中的花西子、内外、江小白都是此道高手。

比如飞鹤奶粉，它近几年的突飞猛进据说得益于定位理论的超级拥趸、分众传媒创始人江南春为它进行的全新定位：55年专为中国人研制，更适合中国宝宝体质。从原型的角度来看，飞鹤的代言人章子怡展现的也是一个照顾者原型的特质。

在飞鹤的广告上，画面舒缓柔和，章子怡以一个照顾者原型的身份深情述说飞鹤奶粉"天然含有OPO，更适合宝宝娇嫩肠胃吸收。一年超1亿罐被妈妈选择，飞鹤奶粉，更适合中国宝宝体质"。这是一个天然吻合了定位和原力理论的广告，只是在运用定位理论上，它是主动出击的；而在"暗合"原力理论上，它是无意识的，因此对照顾者这个原型的特质挖掘得还不够深入。

在本书破解的20个新国货案例中，我们将为你解开花西子、内外和江小白、Babycare等品牌身上的双剑合璧功夫，并选择小鹏汽车来进行实战模拟，让你看到这个被我们称为"会暂时独步品牌江湖"的超级打法的模拟落地过程。

第二部分

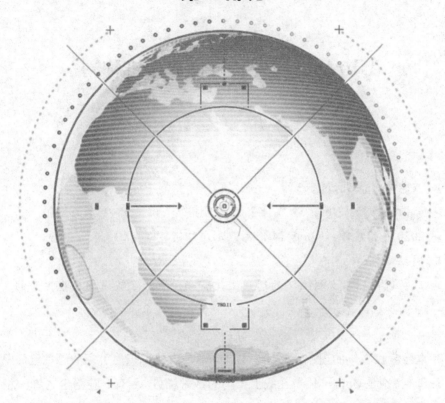

品牌密码：他山之石　不会就学

第六章
Ubras、内外：谁懂原型谁称霸

* * * * *

- ➢ 破译案例：Ubras、内外
- ➢ 新国货排行：Ubras 第 46 名；无内外排名
- ➢ 2020 年销售额：Ubras 14 亿元；无内外销售数据
- ➢ 同比增长：无
- ➢ 成功密码：以女权主义的通用文化密码，激活了叛逆者原型，开创了内衣的悦己品类

在本已沉寂多年的内衣市场上，以 Ubras、内外、蕉内引领的"悦己"品类异军突起，特别是 Ubras，凭着在线上市场的绝对优势，大有一骑绝尘之势。然而，它的高速增长却因一则不恰当的推文可能画上休止符。而犯这种低级错误的原因，则是因为 Ubras 对品牌位阶、品牌原型的基本原理不熟悉导致的。

一、悦己：随风潜入夜，润物细无声

现在大火的所谓"悦己"内衣，是一个"随风潜入夜，润物细无声"的特殊品类。品牌动力学认为，构建品类战略的目的就是要减少竞争的阻力。那么，在悦己这个品类上，Ubras、内外是如何减少竞争阻力的呢？这得先从悦己内衣的特点说起。说起来，悦己内衣的最大特点其实就是"无钢圈"。是不是觉得这么分析品牌太

草率了？那就来看看知乎上 Ubras 的粉丝对它的评价吧。看完，你立刻就能发现悦己这个内衣新品类的秘密。

知乎粉丝一：赞

看了一圈答案，我有点迷惑，是我自己身材正好适配这个 bra 吗？我觉得这个内衣是我穿过的排名第二舒服的，第一是 no bra（无法超越）。

知乎粉丝二：弹

被洗脑，年前入手了一件，249 元。大胸的困惑，一直想要寻觅一件舒服满意的文胸。穿着体验就是不值，等同于平日 5 件内衣价格也让我非常肉疼。承托力非常不够，在我看来，几乎没有什么技术含量的罩杯，一上身，胸部呈冬瓜趋势挂在腰上，夸张了，但确实体验不太好。我现在只敢冬天穿，夏天胸型太糟糕。身边有闺蜜也用过，据她们说蛮舒适，我只能理解为，小胸的快乐。

这两个粉丝的观点不是个案，在各类社交媒体上，都可以找到来自两个对立阵营的大量案例。这充分说明，所谓悦己，其实就是一个小胸的细分市场。悦己是一个天然适合小罩杯女性的品类，只是由于涉及女性的隐私问题，它这个小胸品类是隐性的。为什么说它是一个隐性品类呢？因为内衣是一个消费者介入了很高情感的产品，用专业术语来说，它是一个"高用户介入度"产品。

对这类产品，品牌诉求绝对不能像定位理论所要求的那样简单直接。如果你到处打广告说你的品牌专门针对小罩杯女性，就和你把避孕套摆在商场货架最显眼的位置一样，完全可以想象你将在社交媒体上的翻车情况。因此，Ubras、内外、蕉内们非常聪明地发明了一个词：悦己。而很多人根本没有弄明白悦己的底层逻辑，也就不可能对这个品类的成功秘密进行正确解码。

二、悦己品类与原型派武功

说起来，悦己内衣虽然是从日本品牌优衣库发轫的，但是在中国市场将它发扬光大的，却是内外这个名称稍显奇怪的品牌。从定位的角度，很难发现悦己这个隐性品类崛起的逻辑，但从原型的角度，却一下就能看清楚。因为，它契合了人类集体无意识中的某个原型。

第二部分　品牌密码：他山之石　不会就学

那么，悦己这个内衣品类，或者说内外这个品牌，它激活的是什么原型呢？如果用马克的12个品牌原型来对号入座，可以肯定地说，内外激活的是叛逆者原型。如果用霍尔特的文化战略思想，从人类社会特别是近代社会的发展来看，就会发现悦己的基本动力，来自女权主义的觉醒。

在人类漫长的演化历程中，由于女性在体力、竞争和话语权等方面都不如男性，因此被迫在收入、地位、礼教、精神等各个方面受制和从属于男性。不要觉得这种情况只有中国才有，其实放眼整个世界，这是人类社会曾经的常态。

但是，叛逆者这个原型是人类集体自带的精神遗传，在适当的外在文化引发下它就会激活。事实上，我们每个人心中都有叛逆者原型，只是受习俗、文化和社会风潮的影响，激活的条件不同而已。社会运动能激活这个原型，时代变迁能激活这个原型，而成功的品牌营销当然也能激活这个原型。

正如霍尔特说的那样，在每一次社会变迁中，总有一个属于"亚文化"的意识形态（观念）在兴起，这个意识形态与原有的意识形态所发生的冲突，就是品牌的最大机会。比如，1995年，第一场"维密"大秀开启，内衣不再是女性的束缚，它代表了时尚、健康和自由；2017年，维多利亚的秘密将秀场搬到中国，同样也掀起了一股内衣秀风潮。

显然，在一个相对保守的社会中，敢于大胆亮出自己的身材、展示自己的美是需要勇气的。就是因为"维密秀"这样的营销活动激活了女性内在的叛逆者原型，才使"悦人"型内衣在20世纪90年代达到了发展的巅峰。展示自己美的"悦人"也和叛逆有关？当考虑到身处于如今女性地位仍未被充分尊重的地区的女性，如果她们要追捧"维密"，是不是很需要叛逆的勇气呢？

然而，社会思潮总是处在复杂的变动之中。当女性热衷展示自己的时候，悦人就成为霍尔特所说的文化正统，在这个阶段的叛逆者原型会促使你这么思考：我为啥要展示给你看？我成为自己不行吗？当然，在没有大型社会运动的刺激下，这只是小部分人的想法。与在保守社会中的女性敢于展示自己内在美的原理是相同的，那些人也是小众，也处在一个亚文化的小圈子中。在叛逆者原型天生就在每个人身上预设了开关的前提下，它在等待内外这样深谙原型原理的品牌来激活。

三、内外是如何激活叛逆者原型的

在中国的内衣市场，激活叛逆者原型的大功臣无疑当推内外。那么，它是如何激活叛逆者这个原型的呢？首先，内外明确提出了悦己的主张，在一个习惯于悦人的社会中，这其实就是叛逆者原型的觉醒。比如，内外有个广告的文案是这样写的："没有一种身材是微不足道的"。显然，这既是对"小胸品类"的强化，也是对叛逆者的激活。

在很多则广告中，内外并不像传统内衣品牌那样请漂亮的模特来展示产品，而是喜欢用孕妇、老年妇女、身材丰腴等不同的人——你应该能看出，主要是身材并不好的人——来诠释自己的"悦己"主张，诠释"没有一种身材是微不足道的"这个悦己的叛逆和自由主题。

这可以说是一个非常讨巧而且威力巨大的品牌诉求方向。美国有个社会学家曾经做了一个关于电影的研究，他的结论大意是说：由于电影的兴起，把少数极为漂亮(帅)的明星推到聚光灯下，使全社会都提高了对颜值的预期，从而引发了人们内心极大的焦虑。以男人为例，看自己，不帅；看老婆，不漂亮。而事实上，不帅、不漂亮是社会的常态，帅和漂亮才是例外。

而内外那一系列用孕妇、老年妇女、身材丰腴等显然不够漂亮的模特来创作的广告，极大地利用了全社会都有的那种焦虑感，并告诉消费者：我们应该追求个性解放，野百合也有春天，胖有胖的美，小有小的好。叛逆者原型一旦被外在的因素激活，就会爆发惊人的力量，这种力量直接把内外这个名不见经传的小品牌打造成了业绩亮眼、资本追捧的明星品牌。

还记得我们在前面介绍的定位+原力双剑合璧打法吗？事实上，内外的打法就是一个标准的双剑合璧打法。只不过，它首先采用的是原型派武功，用一系列的广告活动，激活了叛逆者这个爆发力惊人的原型。然后再在原型的基础上慢慢摸索出了悦己的定位，继而去宣传和强化这个定位。当然了，在这方面，由于社交媒体的兴起，悦己这个定位可能并不是内外自己提出的，而更多显示出了数字时代消费者、媒体和企业"品牌共创"的特征。

不过，虽然内外是靠原型派武功来取胜的，但它似乎还没有很好地驾驭这种力量。比如，它的广告语是："多庆幸，我的内外，你都了解"，这其实还是一个有点悦人倾向的宣言。如果将其改为："我的内外，无须你懂"，或者"我的内外,我懂就行",就是一个更符合叛逆者原型的品牌诉求了。

在代言人方面,内外选了天后王菲和杜鹃作为品牌代言人,这两个人也都很符合叛逆者原型的内涵。只是,出道较早的她们,可能不再是内外的目标用户——年轻女孩子们追捧的偶像。因此,用这两个代言人来诠释品牌内涵固然没有问题,但她们对销售的推动效果就不会那么立竿见影了。

四、不懂原型的 Ubras 为什么也会成功

相比内外,Ubras 对原型的理解就差很多,它一直在用定位的思想来表现悦己内衣这个非常感性的品类。无论刘涛代言时说:"内衣无尺码,选择更简单",还是以消费者的口吻强调的"宛如人体第二层肌肤",抑或是大面积的广告宣传"无须纠结尺码,A~D 杯,80~140 斤都能穿",都可以明显看出定位工具在悦己内衣这个感性品类上加工的痕迹。

当不明白悦己品类其实是一个隐性的"小胸品类",不明白悦己品类的底层爆发力在于激活叛逆者这个原型时,Ubras 的很多营销动作都会有明显的错乱感。比如无尺码,这并不是 Ubras 的创新,它其实就是服装行业的"均码"概念,而均码往往和"低档服装"是捆绑在一起的。在服装批发市场上,不走专卖渠道的"散货"常用的"懒人制造法"就是均码,也就是 Ubras 的无尺码。这种产品通常都不会有很好的用户体验,否则就不能解释为啥"私人订制"代表的是高档次。

与之相应的是,在内外、Ubras 和蕉内三个悦己品牌的消费者投诉率中,Ubras 是最高的。其中的原因是:普通消费者很难想到悦己是"小胸定位"这个层面,毕竟窗户纸没有捅破嘛,要不怎么称其为隐性品类呢?而 Ubras 大张旗鼓的无尺码悦己品牌宣传,激活了每个女性身上都有的叛逆者原型。但是,无钢圈内衣这种产品,尤其还是"均码"产品,肯定不适合大胸的消费者,难怪有消费者用"一上身,胸部呈冬瓜趋势挂在腰上"这种夸张的描述来吐槽 Ubras 了。

既然 Ubras 不懂原型,为什么它还是有一骑绝尘的业绩呢?这是因为,竞争是各种力相互作用的过程。从品牌动力学的角度看,影响悦己品类成败的,首先是悦己这个品类定位,因为它不仅是明确的市场定位——追求个性解放者专用,而且暗合了叛逆者原型的内涵。正如你熟悉的那句鸡汤,"选择比努力重要",

只要你走上了正确的赛道，成功的概率就会大大提高。品牌大师阿克说过，品类选择和品牌塑造是企业赢得竞争的两大途径，说明 Ubras 已经走对了一条。

其次，虽然 Ubras 在通过品牌塑造激活品牌潜能这个环节上有减分，但它在品牌传播、渠道策略方面的优势，也是可以弥补品牌塑造方面的缺陷的。比如，欧阳娜娜所展示的"内衣外穿，不惧目光"，就显示出了强烈的叛逆者原型风格，可以为 Ubras 挽回不少分数。只是，如果 Ubras 能用好原型派武功，让品牌动力学的 5 种力形成合力，那它将会获得比现在更大的成功。

第七章
想抢电子烟龙头品牌的蛋糕，需要这样做

* * * * *

- 破译案例：悦刻
- 新国货排行：第 15 名
- 2020 年销售额：38 亿元
- 同比增长：145%
- 成功密码：本案例侧重分析整个电子烟市场可能碎片化的发展趋势，并预测电子烟未来可能的品牌打法和品牌模式

出于对战略、品牌、运营等企业位阶边界的遵守，在分析新国货百强品牌时，我们通常都会侧重分析品牌建设本身的问题。但是对悦刻可能要破个例，因为这是一个全新的行业，而且是一切都具有高度不确定性的行业。因此，仅在品牌这个二级位阶上，难以对其正确解码。当然了，我们还是会时刻牢记本书是研究品牌打法的，因此在分析中一定会三句话不离本行，尽量以品牌的视角来透视电子烟的未来。

熟悉互联网的人都知道，互联网最大的特点就是马太效应，由此才导致了阿里、美团、腾讯、字节跳动等赢家通吃型企业的形成。

但是，基本上任何主要市场在线下的企业，几乎都不太可能获得互联网企业那样的绝对优势。当然了，这不包括银行、电信等有准入门槛的企业。营销学上通常用"CRn"来表示头部企业的垄断程度，CR 是 Concentration Ratio 的简称。

比如 CR3，就代表市场前三名的占有率；CR5，就代表市场前五名的占有率等。在互联网企业中，像腾讯和阿里这样的企业，CR1 就有可能控制 60% 的市场；而在茶叶那样的碎片化市场中，据说 CR10 也没有超过 15% 的市场。

这种现象的底层逻辑在于：一方面，线下物理市场的拓展不具有边际成本递减效应，虽然也有所谓的规模经济，但至少不会像线上那样边际成本趋向于零；而另外一方面呢，品牌商在向消费者进行价值交付时，一定会受到物理距离的影响。

2019 年 11 月，国家烟草专卖局和国家市场监督管理总局联合发布通告，要求电子烟不得通过线上渠道销售。整体上看，关闭线上销售加大了全行业的销售成本，单从资金角度看更有利于悦刻这样的巨头。但是从 STP（细分、目标、定位）营销战略的角度，在物理区隔的碎片化市场中，中小电子烟企业更容易找到自己的利基市场。用你熟悉的定位派武功来形容，就是在线下碎片化市场中，小型电子烟企业更容易实施"侧翼战"和"游击战"，而不至于像在互联网市场那样被通吃。

一、未来电子烟的核心竞争力是什么

阿芙的创始人雕爷对产品的技术发展有个绝妙的观点，他把品牌分为"有限改进型"和"无限改进型"两类。所谓有限改进型品牌，就是那些技术不怎么需要升级和变动的产品所属的品牌，比如饮料、酒类、药品等等；所谓无限改进型品牌呢，就是需要不断进行技术升级的产品所属的品牌，比如汽车、手机、服装等。

那么，电子烟属于什么样的类型呢？从短期来看，它属于无限改进型。如果用一家餐馆来比喻电子烟的话，餐馆的店堂相当于烟枪，厨师的炒菜水平相当于烟弹的雾化水平，而食材则相当于烟油，它们在一起的综合作用，特别是烟弹这个厨师的炒菜水平和烟油这个食材的质量，决定了食客的满意程度。

从短期来看，烟弹这个厨师的炒菜水平还面临一定的技术难度，也就是要不断改进雾化技术，因此在短期存在技术壁垒。但从长期看，这种并不太复杂的技术总有发展完善并停滞的一天；而烟油的技术则是早已成熟，比如传统卷烟的香精供应商华宝（港股和 A 股上市企业），当下就能提供不亚于卷烟质量水平的烟油产品。

第二部分　品牌密码：他山之石　不会就学

因此，虽然从短期看电子烟属于无限改进型产品，但从中长期看，它一定会和可乐或者传统卷烟一样，属于有限改进型产品。而有限改进型产品，通常都是标准的刚性品牌，这一概念指的是企业对品牌建设需求的强度。一般说来，刚性品牌最佳的竞争手段就是品牌建设，不同于高通那样的弹性品牌最佳的竞争手段是技术研发。

用品牌动力学的观点来审视电子烟的竞争途径，你会非常清晰地找到发力点。首先说品类战略。对所有电子烟企业而言，大家都处在同一赛道，利用数学上的"合并同类项"原理，这个赛道无论是好是坏都可以不用考虑；其次呢，就是通过品牌塑造激活品牌潜能，这是决定以后电子烟市场关键的"胜负手"。可以说谁塑造品牌的能力高，谁就能赢得未来。

又到推广原型派品牌理论的广告时间。和白酒、红酒、咖啡、茶叶等品类一样，电子烟也是一个讲究调性和文化的品类。你肯定想到了，最适合建设电子烟品牌的工具，当是品牌原力理论。

再来看看品牌动力学中的传播和渠道。由于政府将电子烟等同卷烟管理，也就意味着通过广告来教育用户的路子已经封死了，所以消费者教育的重任就只能分派给品牌塑造和渠道推力环节。

当把传播的任务转移给品牌塑造的时候，包装就成了电子烟教育用户的重点战场。甚至在某种情况下，仅靠这个就有可能形成单点突破。当然了，包装的设计必须在原型派的打法原则上进行，否则就会出来一个有美感、无骨力的"品牌花瓶"。

品牌传播环节分派给渠道的消费者教育任务就只能通过店头、店面和店内设计进行了，原理和包装设计差不多。以目前悦刻的渠道能力看，得益于西安交大管理学院毕业，有宝洁、Uber等大型企业就职经历的女强人汪莹超强的经营能力，无论在渠道策略、拓展速度、管理水平上都不亚于可口可乐等快消品牌。可以说，这是电子烟同行们的噩梦。

综上所述，通过品牌形象激活品牌潜能的能力，以及通过渠道策略构建销售推力的能力，是电子烟市场未来仅有的两种竞争手段。因此，它们将决定电子烟的未来。

二、芯片巨头英特尔给电子烟的启示

最后,在品牌这个二级位阶的框架内,我们来聊聊电子烟市场可能演变出的竞争模式。在笔者看来,电子烟未来市场的发展,将可能有两种品牌发展的模式。一种很容易理解,就是现在悦刻的模式,也就是烟枪、烟弹和烟油集合在一起的封装模式。因为核心技术是烟弹,也可以说是"烟弹品牌模式"。因为这个模式现在已经存在,也很容易理解,所以我们主要来聊聊未来市场可能演变出的另一种品牌模式:"烟油品牌模式"。

你对 PC 时代的芯片巨头英特尔还记得多少?除了它那个悦耳的开机音乐,还记得其他吗?如果不记得,就看看你的电脑,无论 PC 还是笔记本,多数都是英特尔的芯片。因此在 PC 的机箱,笔记本的面板,通常都会贴着"英特尔 inside"的标志。也许你很少在意这个细节,但它却对世界 IT 业的发展具有重要意义。因为这个标志——由英特尔和微软组成的"Wintel 联盟",几乎主宰了整个 IT 时代。

希望你有点耐心,我们没有跑题,当我们把英特尔的案例聊透,你自然就会明白为什么说电子烟的未来可能会诞生出烟油品牌模式。我们来继续发问:在一台戴尔的笔记本电脑中,你知道的主要配件都有哪些?芯片、主板、内存条、声卡、显卡……那么,你发现芯片和其他配件的不同了吗?如果说芯片,你几乎可以不假思索地说出英特尔,哦,这就是标准的品牌回忆啊。但让你说主板的品牌有哪些?内存条的呢?声卡、显卡的呢?你就不知道了对吧。

英特尔的玄机就在这里。本来一台电脑,我们只需要记住戴尔这个电脑品牌就可以了。而英特尔这样的 B2B 的配件产品,严格来讲只需要戴尔、IBM 这样的品牌商记得它就行了,但它却硬是"穿越"了 B 端,影响到了你我这样的普通消费者。以至于一台电脑如果没有贴上"英特尔 inside"的标志,我们就不想买。

换句话说,英特尔这个芯片企业,本来可以和那些默默无闻的主板、内存产品一样,不被我们熟知。当然,如果真的是这样,世界 IT 业的历史可能就会被改写。因为戴尔那样的品牌商,并没有动力去推动芯片的技术升级,只是因为在英特尔的宣传下,消费者喜欢升级后的芯片,它们才不得不跟进。因为它不跟进,你就会去选安装了最新芯片的其他品牌。

这就是英特尔著名的"穿越式"打法。最早听到这个打法,还是雕爷在天涯

第二部分　品牌密码：他山之石　不会就学

"管理前线"频道大论战的时候。一个本来跟着电脑品牌商的节奏走就行了的企业，硬是穿越了品牌商，挟消费者这个"天子"以令品牌商那些"诸侯"，书写了世界商业史上最经典的篇章。

看到这里，相信你已经明白"烟油品牌模式"的打法了。那些有实力的烟油企业完全可以创建一个直接与消费者接触的烟油品牌，让消费者可以因为烟油的味道——毕竟味道才是烟的"芯片"——而决定选择什么样的烟弹和烟枪，从而像英特尔一样取得电子烟市场的控制权。

当然了，在目前烟弹、烟枪、烟油一体化的模式下，这种打法必须去培育烟弹和烟枪方面的小型企业，而取消线上销售后市场可能呈现的碎片化趋势有利于这样的策略得逞；对烟油品牌模式而言还有一个难点，就是：在传播环节已经被政策限制的前提下，仅通过包装和渠道来完成消费者教育，是一个比英特尔教育电脑消费者难度大得多的任务。但是在巨大的市场利益驱动下，这也并非一个不可能完成的任务。

第八章

完美日记：史上最全最狠的私域流量打法样本

* * * * * *

- ➢ 破译案例：完美日记
- ➢ 新国货排行：第 10 名
- ➢ 2020 年销售额：52.3 亿元
- ➢ 同比增长：72.6%
- ➢ 成功密码：将 HBG 那套"央视＋超市"的打法跨界到私域流量和社交电商

由品牌传播和渠道策略组成的品牌营销是一个超级课题。因篇幅所限，本书更多侧重讲品类战略和品牌塑造，而不侧重讲营销。但是，在本书破解的 20 个新国货品牌案例中，一个案例都不讲营销好像也不太好。因此，我们需要找一个融合了各种营销特征的品牌来拆解，让你不仅看到最新的品牌趋势、各种营销的打法，也能看到营销和品牌的配称关系。而完美日记，正是最佳的"品"选。

首先，它是社群品牌，是在私域流量这个当前最新、最热的领域成长起来的，揭开它的秘密，就等于揭开了整个社群品牌和私域流量的秘密；其次，完美日记身上既有传统品牌的打法，也有电商品牌的打法，当然，更有社群品牌的打法。它将三种类型的品牌都擅长的打法融合在了一起。通过它，能让我们最大限度地看到新国货品牌打法的全样本。

第二部分　品牌密码：他山之石　不会就学

一、要懂完美日记，先得懂几个关键词

在社群品牌这个玩私域流量的地盘，完美日记却隐隐然玩出了HBG(How Brands Grow)的风范。对它这种全新的打法，我们必须先用几个关键词来把语境限定一下，否则就会出现"我分析起来不易，你理解起来吃力"的双输局面。

(一) 跨界：打开完美日记最重要的钥匙

冯巩和郭冬临合演的小品里面有句经典台词："在快板界歌唱得最好，在歌唱界快板打得最棒。"用这句台词来评价这两年异军突起的美妆界黑马品牌完美日记，那是再贴切不过了。

如果没有跨界，那么就有可能出现这样的情形：搞传统品牌的看着完美日记没新意，搞社群品牌的看着它没威力，更关键的是，完美日记自己玩得可能也会没效果。因为，如果把完美日记的打法单独拆开来看，它用的都是些业内司空见惯的玩法。然而，这些普通的玩法一旦跨了界，就像串了瓶的化学元素一样，往往会产生意料之外的反应。因此，如果只选一把解释完美日记成功密码的钥匙，那么仅要这把叫"跨界"的就够了。

在传统品牌领域，任何一个品牌经理都能把HBG理论那套"央视+超市"的打法说得头头是道。但是，当"宝洁系"出身的完美日记团队把这个打法的精髓移植到私域流量圈子的时候，看蒙了一大帮每天盯着ROI(投资回报率)搞流量的人：这是干什么啊？抖音腰部KOC(关键消费者)几乎通吃，和MCN(网红经纪机构)根本不讲价……显然，"宝洁系"出来的人深知"过度拟合"玩不了品牌，搞品牌需要某种大智若愚的"印象派"精神。

而当生于网络的完美日记落"地"的时候，轮到联合利华、宝洁等传统巨头们看不懂了。拉新、促活、留存、变现、裂变这套搞社群的人无人不会的打法，把传统品牌看得目瞪口呆。完美日记仅用"加个微信就送红包(或礼品)"的方式，轻松从线下引流超过500万人。这个方法同样被完美日记用在了校园营销中，通过环保袋、湿巾、红包等赠品的诱惑，据说有100万大学生成了完美日记的粉丝。

看到了吧，我们能在这里轻松给你大谈跨界，也是因为懂得一些"在快板界歌唱得最好，在歌唱界快板打得最棒"的道理。

(二) 渠道品牌：啥都卖却仍然能卖得动的秘密

按照定位理论，品牌是不能随意延伸的。所以小米开始搞智能家居的时候，定位派掌门邓德隆就着急地通过媒体大声喊："邓德隆告诉雷军，小米的战略偏航了。"看看完美日记，它也是一个啥都卖的品牌，这已经违反定位的聚焦原则了，它还算不算品牌呢？

这里我们特别用"渠道品牌"这个关键词来解释这个问题。三顿半、元气森林和7-ELEVEn、屈臣氏都是品牌，它们有什么区别吗？当然有，前者是产品品牌，后者是渠道品牌。产品品牌的卖法，是把1个产品卖给1万个人；而渠道品牌的卖法，却是把1万个产品卖给1个人。

显然，完美日记这样的社群品牌把消费者聚集在一个狭小的圈子里，消费者教育和互动都很容易，可以一把搞定消费者"先分类—找特点—求证明—留印象—调记忆"的购物决策过程。在私域的环境中，完美日记这些社群品牌们就像7-ELEVEn、屈臣氏那样，其实已经演变成一个渠道品牌了。如果不理解这个你就没办法理解为什么完美日记在美妆这个垂直领域什么产品都做，而且疯狂打折，好像根本不顾自己的"品牌形象"——这貌似完全违反了定位的心智定律嘛。其实，把1万个产品卖给1个消费者，这只是渠道品牌的一个方面，这个方面说明在私域流量这个特殊的环境中，媒体和渠道合一了。以往由媒体和渠道分别建构的拉力和推力在私域这里形成了合力。不过，这种合力有好的一面，也有不好的一面。

在品牌动力学那章介绍品牌传播环节时，曾花了很大篇幅来讲消费者教育的问题。社群品牌什么都能卖的秘密，就在于消费者教育变得空前容易了。在私域这个小圈子中沟通力会变强，通过沟通可以解决传统品牌在传播时遇到的信任难题，我们对此的形容是：在社群内可以抱着消费者教育。所以你才会发现渠道品牌啥都可以卖，但消费者仍然会信任它。单从私域这个狭小的范围来看，这是社群品牌比传统品牌好的一面。

但是，当我们走出私域的圈子，情况就未必了。传统品牌通常都以"专家品牌"形象示人，追求单点突破，穿透力强，所以能大面积覆盖。而社群品牌什么都想卖的渠道特征，导致了它穿透力差，难以实现大面积覆盖。这是多数专注于社群的新国货品牌做不大的根本原因——因为它没有穿透力啊。而没有穿透力的底层原因在于：卖点多了，在非社群的环境中，消费者教育变难了。

第二部分　品牌密码：他山之石　不会就学

我们来看看拼多多是如何解决穿透力问题的，再用拼多多来反照一下完美日记的解决方案。在发展中，拼多多也曾面临着穿透力的问题。当然了，拼多多要解决的是"用户类型"穿透，完美日记要解决的是"用户圈子"穿透，虽然还是有一点小区别，不过它们解决问题的思路都是一样的。

梁宁曾把电商用户分为三类："大明""笨笨"和"小闲"。梁宁是湖畔创研中心产品模块学术主任。她说的"大明"，就是那些对自己的需求极为清楚的人，比如男性消费者一般都是这样的；而淘宝上的女性用户容易受氛围影响，一搞促销就"剁手"，体现为"笨笨"的特征；"小闲"一般活动在抖音、微信上，纯粹是为了打发时间。

在梁宁看来，由于娱乐和购物是两个不同的场景，如何激起正在娱乐的"小闲"用户的购买欲望，是拼多多的难题。不过，在微信平台上，拼多多通过两人拼团、价格锚点、分享红包等方法强力刺激，硬是穿透了"小闲"的圈层，把他们变成了消费者。

当然，梁宁在对用户进行分类的时候，直播还在娱乐的小圈子里苦苦寻找商业模式，还没有被引入电商这个超级大市场中，还没有抖音高管站出来说这是"兴趣电商"。所以，她难以想象在快手、抖音这样的场景中，直播和短视频直接就把"小闲"变成"笨笨"了，根本不需要拼多多做那么艰苦的转化工作。

都是穿透，拼多多穿透的是不同的用户类型，而完美日记需要穿透的是同类用户的不同圈子。在私域流量圈子中，拼多多那套玩法对用户而言早就不新鲜了，因此完美日记选择了HBG，通过全覆盖+饱和式的广告投放来实现圈层的穿越。

这下明白了吧？通过对跨界打法和渠道品牌特性的剖析，我们才能看懂完美日记一系列动作的底层逻辑。这时候你再去看看其他人对完美日记的分析，一眼就能看出他们的问题在哪里，并且可以这样反问：如果说产品好、执行力强、Z世代忠诚、供应链超牛等是完美日记成功的原因，那为什么其他品牌也处在相同的环境中却没有成功呢？

(三) 原型：错配的隐患

通过对"原力，就是品牌原动力"那章的学习，你已经掌握原力这个品牌打法的基本原理，现在是学以致用的时候了。从微信里的"真人"小完子、与KOL共创内容、小红书上有高达16万篇种草笔记，以及完美日记这个品牌名称，你能想到什么？

这是不是很典型的"纯真者"原型特征？虽然完美日记曾经和全球最具影响力的科学频道探索频道联名推出过"探险家十二色眼影盘"，其实仅从"小完子"这个人设就应该能看出来，它的原型不是"探险家"，而是"纯真者"。当然，如果非要较真的话，完美日记的纯真者原型也并不"纯"，它还带有点"凡人"的原型特征，体现出"混血"的倾向。

原型品牌的内在原力使完美日记凭着渠道品牌微弱的穿透力也获得强大的品牌效应，因此可以支持它多品类的发展策略。可惜的是完美日记所在的美妆行业，它的"品类原型"是"魔法师"。这里要补充一下，所谓的品类原型，有点类似定位派武功中强调的要去代表品类，所以雕爷家的精油才会说"阿芙，就是精油"。而一个品类的原型也具有代表整个品类的能力。比如，母婴用品的品类原型是照顾者、SUV 汽车的品类原型是探险家等。

完美日记通过视觉、广告、传播等一系列的努力，打造了一个小家碧玉的品牌形象，激活的是纯真者+凡人的混血原型。这决定了它没有办法获取彩妆品类这个魔法师原型的最大红利，当大力度的广告投放停止的时候，它将难以提取本该资产丰厚的原型复利。

二、私域打法的三个阶段

在详细拆解完美日记的私域打法时，我先要说明一下：完美日记的全部秘密其实就在前面说过的"跨界"两个字。如果没有这个，那么传统品牌的人看到HBG 会觉得不新鲜，而社群品牌的人看到私域，那也是司空见惯。

同时，由于私域的玩法千变万化，出于篇幅考虑，也只能挑其中一些有代表性的来介绍。当然了，即使是所谓的"代表性"，涉及私域那些庞杂的操作细节也不少。为了避免你陷入细节中忘记了大局，所以我们先简单把私域流量的一般玩法列出来，让你有个大致的印象。然后再以完美日记的案例进行落地，这样你理解起来会更容易一些。

由于淘宝、京东这些主流电商平台的流量费越来越贵，有人就把淘宝这些公域平台称为"鱼塘"，而把其中的潜在消费者都叫作"鱼"。每个嫌平台"抽税"过高的卖家都想拥有一个属于自己的"小鱼塘"，把公域的"鱼"引到自己的"小

第二部分 品牌密码：他山之石 不会就学

鱼塘"来养，这就是所谓的私域流量池。

看到被新国货品牌捧上天的私域流量原来是这么回事，传统品牌可能会很不屑。闹了半天，这不就是以前农村的"自留地"吗？这么简单的东西却偏偏要起个让人看起来云里雾里的名字。根据鱼塘和鱼这个比喻，有人进一步把私域流量的运营过程拆分成了寻鱼、诱鱼、圈鱼、钓鱼、养鱼五大步骤。而在实际的运营过程中，这五大步骤是分三个阶段来进行的。

第一阶段：公域——寻鱼

寻鱼就是寻找目标消费者。目前来说，淘宝、京东的红利期已过，而且管理相对严格。所以完美日记最大的获客来源就是抖音、哔哩哔哩、小红书这些新兴的社交平台。当然，完美日记利用私域的打法，跨界去线下实体门店捞的消费者也不少。

第二阶段：公域转到私域——诱鱼

诱鱼就是把公域大鱼塘的鱼通过各种方法引到自己的私域小鱼塘里来，这大致有三种方法：针对淘宝这样的平台，在订单包裹里面塞传单，以红包引诱；针对抖音这样的平台，直接加微信号，当然也必须有利益，抖音的"小闲"用户才会"上钩"；针对线下门店，完美日记最常用的方法就是"加个微信就给红包或者小礼品"，据说通过这个方法获客500万。

第三阶段：私域——圈鱼、钓鱼、养鱼

圈鱼、钓鱼、养鱼其实就是促活、存留和裂变等"增长黑客"那套方法。也就是把消费者拉到自己的小鱼塘后，还要想办法把他们留下来，留下来的还要让他们买东西，买了东西的还要让他们到处叫好，一边叫好一边还要让他们帮着把身边的人也拉过来……

看，土法子就是管用，但是这样也稍微显得有点土气。这里我们再用近年流行的增长黑客的理论验证一下。

从研究的角度，方法论的论证需要秉持严谨的精神，用另一套理论来落地，这属于"交叉验证"。在本书中的很多地方你都可以看到这种交叉验证的用法，比如我们对USP理论的多次跨界运用就属于这种情况。

增长黑客(Growth Hacker)这个概念是一个叫肖恩·埃利斯的美国营销大神在2010年提出来的。他把互联网公司从获得用户到让这个用户买你的东西还到处说好，并且还帮你拉新用户的过程分成了5个阶段，也就是所谓的"AARRR"，包括拉新、促活、存留、变现、裂变等。下面,我们就用前面说的中国土法——鱼塘理论来对应一下。

- Acquisition(获取用户):拉新——寻鱼。
- Activation(激活用户):促活——诱鱼。
- Retention(提高留存):存留——圈鱼。
- Revenue(增加收入):变现——钓鱼。
- Referral(病毒传播):裂变——养鱼。

管他千变万化,我有一定之规。说实话,营销的本质就那么点事,如果你自己有一套方法可以总结销售的过程,无论出来什么新的理论你都会觉得并不新鲜,并且可以应付自如。当然了,前提是你的方法要科学、要合理。

下面,我们就开始正式来破解完美日记的成功密码了。

三、私域打法1:公域阶段——寻鱼

完美日记在公域的打法,属于标准的 HBG 打法。想想当年秦池、爱多竞标央视"标王"的疯狂,你肯定知道完美日记的 HBG 打法不算新鲜。但是,完美日记牛的地方在于:它把一个已经被验证过的成熟打法从传统市场跨界到了新兴市场,快速收获了"跨界红利"。

它能有这个跨界动作其实就是因为我们上面说的,人家已经洞悉了营销就那么一点事,原理都是一样的,只是操作方法不同而已。所以,在其他传统品牌都还在觉得私域流量高深莫测的时候,完美日记直接就把这个成熟的打法跨界到社群这个新兴的领域了。

(一)HBG其实就是"央视+超市"

HBG 理论是美国南澳大学营销学教授 Byron Sharp 在《品牌如何成长》(*How Brands Grow*) 一书中提出的,在宝洁、联合利华等国际巨头内部,这个理论据说被奉为营销圣经。它的基本观点是:用大媒体 + 大渠道完成对市场的高渗透,从而打造大品牌。

第二部分　品牌密码：他山之石　不会就学

其实，HBG理论的基本原理对了解品牌动力学的你来说一点都不陌生。所谓的大媒体无非就是打造品牌的拉力系统，追求的是消费者"指名购买"。要打造这样的拉力系统，在媒体形式单一、全国人民齐刷刷看春晚和新闻联播的年代是相对比较容易的——烧钱就可以了。所以才有那些年传统品牌明知逐鹿央视"标王"是死路一条仍然要趋之若鹜的怪象，因为它们都明白：如果对手通过"标王"获得指名购买的拉力，自家品牌的日子就很难过了。

拉力系统要的是让消费者"心动"，但是搞品牌仅仅让消费者心动还不行，还必须要方便他们"行动"。这时候就需要打造品牌的另一个系统——推力系统了，推力系统得靠HBG理论提到的大渠道。所谓推力系统就是通过各种渠道把品牌"推"到消费者面前，方便消费者随时购买。

我们在介绍品牌动力学的时候曾说过，渠道是可以独立完成销售的。你应该有过这样的经历：逛超市的时候经常有促销员对你现场推销，而他们推销的很多牌子以前你根本就没有听说过。这时候渠道就同时具备了推拉两种力。从这个意义上说，很多时候渠道比媒体更重要。

看出来了吗？在中国市场，宝洁们的操盘路数其实很简单，就是"央视＋超市"，这就是HBG打法的精髓。不过你不要觉得HBG打法过时了，完美日记在公域的打法其实就是传统品牌巨头们HBG打法的翻版。如果你知道内情，就不会觉得奇怪：完美日记的高层管理很大一部分就是从宝洁出来的。

(二) 在私域，完美日记是这样玩转HBG的

当完美日记把HBG打法跨界移植到电商界的时候，对已经习惯了"必须看到每一分广告费效果如何"的电商品牌来说内心是震撼的。完美日记完全"遗传"了宝洁的凶悍基因，以秦池、爱多那些前辈竞标央视"标王"的劲头，搞蒙了那些只有盯着ROI(投资回报率)才会做投放的电商人。

1. 多平台，全覆盖

在广告投放上，完美日记对抖音、快手、哔哩哔哩、小红书这些主流平台几乎是360度无死角地全覆盖。在电商界也有一种操作方法，就是每个平台都投放一点，混个脸熟。但完美日记显然不是这样。在追求全覆盖的同时，它还在投放量上搞饱和式攻击。之所以说它的对手们内心是崩溃的，原因就在于此——这种

方法，家底不厚的根本学不来嘛。

把人家的成功简单归功于运气，对你提高操盘能力其实没什么用处。不过分析完美日记在公域搞投放的时候还不得不说，它选择的投放时机实在是太好了。2017年，完美日记完成了小试牛刀的试探性投放；2018年，它开始在抖音尝到了甜头。当它准备在2019年放大投放规模的时候，正赶上了抖音要树一批标杆品牌的流量红利。这让完美日记实现"家喻户晓"所用的投入估计连在传统电视媒体所需的十分之一都不到。

不过你也要明白，抖音之所以愿意扶植完美日记，也是因为它敢于搞饱和式投放的狠劲。从相对值来讲，完美日记的投放很划算；但从绝对值来讲，它那亏损的27个亿大多数可都是广告费，这是很多品牌学不来的。也正是因为这点，才让完美日记这个啥都卖的渠道品牌具备专家品牌那种穿透"用户圈层"的破圈能力。

因此，对于完美日记亏损27个亿的情况，笔者的看法就是：划算、超级划算！3年时间建立了一个家喻户晓的品牌并且成功上市，花27亿难道不划算吗？要知道如果考虑到通胀因素，秦池当年花的钱可不比完美日记少，得到的却是从此一落千丈的末路穷途。

2. 不计成本，饱和式攻击

业界有一个关于完美日记投放的传说，说是它在找MCN(网红经纪机构)谈广告投放的时候，基本上是对方报多少，完美日记就给多少，通常不还价。其实，这是完美日记维持饱和式投放时的必然结果。因为有价值的投放对象就那么多，如果要追求全覆盖和饱和式攻击，高价抢地盘就是必然的选项。

关于这点，有过投放经验的人都知道，无论在百度、淘宝还是抖音，理论上讲都可以通过最低价格获取用户。比如，百度早期甚至可以做到一角钱一个点击，但是低价虽然有成交，成交量却是被严格控制的，否则平台怎么赚钱呢？早期你在百度的确可以设置一个点击一角钱，但是钱根本花不出去，按照这个出价，一天来的流量通常不会超过两位数。只有你把关键词的范围扩大，流量才会变大。而现在的抖音，差不多也是同样情况。

换句话说，完美日记要维持这么大的投放量，已经让它没有办法讨价还价，因为它对量的要求已经超过了可以"精准投放"的范围。其实，这是一个品牌要快速引爆的必然条件，我们将在后面分析它这个投放策略对引爆流行的作用。

3. 跨界联名，四处出击

针对目标消费者人群的分布，完美日记先后和国际著名的Discovery探索频道、大英博物馆、纽约大都会艺术博物馆等联合推出眼影、口红等联名产品，这些都花费不菲。这样的大手笔针对碎片化的新国货品牌来说，只能用"凌厉"两个字来形容了。联名这样的活动通常都具有一定的公关效应，虽然短期未必有收益，但是从长期来看，一定比单纯的广告投放效果更好。

淘品牌为什么做不大？因为太计较投放的精准性，容易陷入"过度拟合"的误区。关于过度拟合的问题，我们将在本书最后"品牌哲学"那部分讲。想做大品牌，有点大智若愚的精神还是非常有必要的。完美日记进行的跨界联名活动，在诸如点击率、转化率、存留率之类的指标方面，自然没办法跟它那些盯着ROI搞投放的同行相比。但是它在树立品牌形象、积累品牌长期资产、建立品牌次级联想等方面，却是其他社群品牌不敢做，也看不到的了。

（三）完美日记的公域打法暗合了"引爆点"法则

前几年，加拿大作家马尔科姆·格拉德威尔的《引爆点》几乎快被中国人封为"营销圣经"了，该书一时间风行大江南北，营销界人士动不动就会提及几个诸如"个别人物""附着力"之类的书中名词。热闹的确是热闹，但要问现在中国哪个品牌或者企业是根据引爆点的方法来获得成功的，相信你能说出来的一定不多。

1. 完美日记幸运地找到了一颗"龙珠"

一个被广为称颂的方法为什么不管用呢？原因在于要同时触发引爆点要求的条件几乎不太可能。格拉德威尔在书的开头部分就说，"无论是暇步士的时尚潮，还是流行病的传播，都是流行三法则——个别人物法则、附着力因素法则和环境威力法则共同作用的结果。"这无疑就使这种打法的"出场条件"太苛刻了。也许你能举出几个通过"个别人物法则"获得效果的，也能举出利用"附着力法则"成功的例子，但像格拉德威尔说的暇步士那样将三大方法同时运用并获得系统性效果的，也许根本就不存在。

虽然同时凑齐个别人物、附着力因素和环境威力这三颗"龙珠"的难度很大，但是要搞到一颗的概率还是很高的。按理说将三颗"龙珠"凑齐才是格拉德威尔提倡的，但是鉴于引爆点的威力，只找到一颗也能爆发令人刮目相看的效果。完美日记就是那个找到了一颗"龙珠"的幸运品牌，这颗"龙珠"就是个别人物法则。

在《引爆点》中，格拉德威尔将可能引爆一个热点事件的人物分成了三类，分别是联络员、内行和推销员。所谓内行，就是对某个领域很懂的人，你可以认为他们就是专家；而联络员，就是社交达人，他们认识的人多，交友广泛，可以让信息广泛传播；推销员可以简单理解为销售员，他们的销售能力强、说服能力强，能够把东西卖出去。

按照格拉德威尔的观点，需要三种人的组合，才能实现流行的快速引爆。但是，想要有计划地召集齐这些人并让他们为你做事，理论上虽然可行，实际上操作难度很大，尤其要大规模地在商业上落地的难度更大。《引爆点》中介绍的个别人物法则案例大多具有一定的偶然性，在真实的市场中，你不可能去等待偶然发生。

2. 完美日记的投放是如何暗合个别人物法则的

完美日记的广告投放方法就暗合了个别人物法则的要求，幸运而偶然地把触发流行所需的联络员、内行和推销员都召集齐了。首先，它对投放的目标人群进行了粗线条的分类，里面必然包含联络员、内行和推销员这三种人；其次，它超大的投放量，使这三种人相互发生"化学反应"成为可能。

1）模糊加通吃，囊括三种人

完美日记的投放遵循着金字塔的结构。虽然它并没有按照个别人物法则的要求精确规划，但这种"模糊＋通吃"式的结构天然就包含了联络员、内行和推销员这三种人。公众号"增长黑盒"曾详细分析过完美日记的投放数据，它用"粉丝量级"这个指标对完美日记的账户进行了分类，大致是以下这样的：

- 明星（认证）。
- 知名 KOL（加 V 认证）。
- 头部达人（粉丝数 >50 万）。
- 腰部达人（5 万 < 粉丝数 <50 万）。
- 初级达人（5 千 < 粉丝数 <5 万）。
- 素人（3 百 < 粉丝数 <5 千）。
- 路人（小于 300 粉丝）。

第二部分　品牌密码：他山之石　不会就学

通过增长黑盒的分析我们可以发现，完美日记对大牌明星代言其实兴趣不大，它的广告更多是投放给了腰部以下的小众 KOL（意见领袖）。据增长黑盒透露，按照上面那个分类，完美日记自上而下的投放比例为 1:1:3:46:100:150。这可以说是一个非常聪明的投放策略，有效地解决了引爆点很难有计划地同时集齐联络员、内行和推销员的问题。

首先，完美日记会签约像周迅、朱正廷这样的明星和李佳琦这样有影响的 KOL，它也会签约一些头部达人。不过，明星、KOL 和头部达人的数量都不多，签约他们主要是为了树立榜样效应，这是金字塔的塔尖部分。通过塔尖的明星、KOL 和头部达人可以造成很大的传播声势，有利于带动腰部和初级达人跟风，而明星和头部达人一般都兼具联络员和推销员的特征。

其次，完美日记的重点投放对象在金字塔的塔身部分，也就是那些数量庞大的腰部达人。腰部达人规模庞大、喜欢跟风，只要有明星和头部达人的带动，很容易快速引爆流行。在腰部达人中，既有联络员和推销员，更存在数量庞大的内行。正是他们以"诲人不倦"的精神通过直播、短视频和"种草"文，带动了粉丝们的购买风潮。

最后再来看看完美日记的投放塔基，这自然是数量更大的初级达人和素人了。他们的特点是粉丝数不多、分布范围很广、规模很庞大，但是收费很便宜。初级达人和素人对带动普通消费者也有很大帮助，因为他们离普通消费者更近，联系更紧密，他们主要扮演着推销员和联络员的角色。

2) 通过饱和式投放促进三种人之间的化学反应

在通吃式的金字塔投放结构中，天然就包含了个别人物法则所需的三种人，避免了一定要分得清清楚楚所导致的过度拟合，对投放在"精确"方面的要求下降了，有利于个别人物法则结构的形成。但这也会带来另外一个麻烦，那就是分类越是模糊，三种人物之间原本的分工可能就会要么重叠，要么遗漏，由个别人物法则所化合出的传播效果就很难形成。这时候，完美日记在各大平台全覆盖、饱和式的海量投放就解决了这个问题。

显然，投放量越大，人与人之间的组合就越多，各种可能的碰撞就越有可能发生。并且，完美日记的投放对象不是缺乏互动的传统媒体，而是直播、短视频和小红书那样互动性极强的社交媒体，天然就带有传播的性质，非常有利于个别人物法则所需的三种人之间化学反应的达成。

在完美日记这个规模庞大的传播体系中，明星和头部KOL都是很好的联系人和推销员；而腰部的一些达人，还有在小红书写种草文章的人，他们其实充当了内行的角色。在实际的投放中，完美日记没有清晰地去区分这些人——事实上也区分不了——而是通过饱和式投放这种模糊覆盖的方式，把个别人物法则所需的引爆条件"一网打尽"，从而避免了过度拟合导致的无法产生化学反应的问题。

3) 通过种草文强化消费者的认知一致性

相信你一定有过这样的经历：当你给银行打电话，打完之后客服人员都要求你评价一下服务满意度，出于面子，你一般都会给出满意的选项。如果你仅仅以为这是银行在通过你来监督它们的客服人员，那就把这事想简单了。"影响力教父"——著名社会心理学家罗伯特·西奥迪尼在出版《影响力》之后又写了一本关于影响力的书，里面谈到这个行为背后更深层的动机：这是为了让你对银行产生好感，而不仅是帮它监督员工。

说得简单一点就是，只要想办法让客户说你的好话，哪怕一开始是假话，最后他们也会真的喜欢你。心理学上把西奥迪尼说的这种现象叫作"认知不协调"，这是斯坦福大学的心理学家莱昂·费斯汀格于1957年提出来的。费斯汀格认为，在某些情况下，当你的行为与你的态度相反时，你的态度会自动改变，具有和你的行为保持一致的倾向。

看到这里，你是不是立刻就想到小红书的"种草文"了？完美日记这些新国货品牌们在小红书的"种草"文章几乎全部都是让消费者自己写出的对它们的好感。据增长黑盒统计，完美日记在小红书有高达16万篇消费者使用笔记。

来看看那些在小红书帮完美日记写种草文的消费者，也许他们对完美日记的产品并没有特别的好感，而是因为某种利益驱动才写文章的。但是，当他们完成写文章赞美完美日记这个行为时，慢慢地就会改变他们以前可能认为完美日记并不完美的态度，在不知不觉间变成完美日记的忠实拥趸，因为他们的认知不协调啊。

也许，写种草日记的人一开始未必那么相信完美日记，但根据"认知不协调"法则，写种草日记的人最后多数都会成为它真正的粉丝。如果这个群体的数量很庞大，而且天然就是带有传播基因的写手，那么他们之间配对出来的岂会仅仅是引爆点个别人物法则所需的一对两对？在他们之间，或者由他们催生的引爆点机会，不知以不同的规模、在不同场合引爆了多少次流行。

第二部分　品牌密码：他山之石　不会就学

四、私域打法2：公域转私域阶段——诱鱼

在公域转私域阶段，完美日记是线上线下同时并重的。在线上，它通过红包等利益诱惑，把淘宝、小红书、抖音等公共平台的用户引到自己的微信或公众号，手法和流程与在私域池差不多，大致可以分为5步。

第1步：送卡

购买完美日记的产品后，它会随包裹附送消费者一张红包卡，提示他们通过关注完美日记的微信公众号领取。有时候，搞私域流量的品牌送给消费者的并不是一张卡，而是一张传单，毕竟不是每个品牌都像完美日记那样财大气粗嘛。但不管是什么，设计一般都比较精美，否则容易被消费者随手扔掉。

第2步：扫二维码

红包卡上有大大的二维码，消费者通过扫码可以很方便地关注完美日记的公众号。我们在讲品牌动力学的时候已经详细阐述过二维码的重要性，说它是"接通天地"的桥梁，因为正是这个小小的二维码，把虚拟的网络世界和实体的物理世界连接了起来。如果没有它，完美日记的红包卡就不可能发挥作用。

第3步：认识小完子

消费者在扫码关注完美日记的公众号后，它会立刻推送一个页面，这时完美日记会把二维码的威力再发挥一次。这个页面上也有一个微信号的二维码，对此很多人都熟悉，这个人就是"真人"小完子。这是完美日记公域转私域重要的一步，它包含了两个小心机：第一，公众号的黏性不如微信强，有很多"取关"公众号的，但很少有删除微信好友的；第二，这个小完子是"真人"，虽然背后是无数个客服，但她们都用同一个名字，目的是想和你产生长期的关系。

第4步：领红包

消费者添加小完子的个人微信号后，还会收到一个小程序的二维码——看看，二维码多重要啊。你扫码并输入口令，就可以领取红包啦。根据促销性质和时段的不同，红包大小也不同，不过一般是一块两块的居多。这个小程序可不单单是让你领红包的，如果你领完红包，以后只要打开你的微信"发现"，完美日记的小程序商城就已经在里面了。

第 5 步：大功告成

这时候，消费者已经进入属于完美日记自己的私域流量池啦。如果这些消费者再产生消费，就不用给淘宝、抖音那些公域平台"交税"了。自此，完美日记们通过公域"薅羊毛"的工作大功告成。至于后面能不能挖掘这些消费者的潜力，那就是私域阶段的打法了。

说完线上引流，我们再来看看完美日记是如何在线下的传统商场、超市"薅羊毛"的。线下引流的原理其实和线上差不多，不过因为是店员和消费者面对面沟通，所以更加简单直接。目前完美日记在全国大约有 100 个门店，每个去门店的消费者，不管购物还是不购物，都会被店员告知加微信可以送红包、湿巾、环保袋等小礼品。当然，加你微信的人始终都是小完子。

加入微信后，完美日记就会通过自己的管理系统对消费者进行分组，接下来就是一套沉淀、复购、裂变的组合拳。据传完美日记通过线下门店加了 500 万人，相信这是一个无论谁看了都非常眼红的数字。而完美日记的全网粉丝数高达 2500 万，这仅仅通过三年就得以实现。

五、私域打法 3：私域阶段——圈鱼、钓鱼、养鱼

到这个阶段，才是真正进入私域了。在详细介绍私域打法之前，我们还是先总结性提示一下，私域的威力在于：通过微信、小程序、公众号等一系列社交工具，与消费者建立可以随时互动的连接。至于互动方式，只要你进入这个行业了，慢慢就能学会，它并不比传统品牌搞定线下渠道更难。

私域内的具体操作方法整个业内都差不多，所以这里就不仅仅只针对完美日记，而是尽可能把一些通用的打法都简单介绍一下，方便传统品牌能对新国货品牌的打法有个初步了解。因此，我们这里介绍的有些打法，可能完美日记并没有采用。

(一) 基础设施

基础设施并不是行业的通常叫法，搞私域流量的新国货们好像也并没有针对我们所描述的基础设施有个总结性的叫法。由于它对私域卖货的品牌化具有非

第二部分 品牌密码：他山之石 不会就学

重要的意义，所以在私域阶段，我们特别把它安排在开头来介绍。

1. 基础设施是区分卖货的和搞品牌的标志

针对私域流量而言，我们所谓的基础设施包括打造人设、自建媒体和社群矩阵三方面的内容。基础设施这部分的建设和操作都非常简单，但对社群品牌来说却非常重要，无论对卖货还是打造品牌都效果不凡，甚至可以说立竿见影。

很多传统品牌并不是缺乏搞私域的能力，它们搞不好私域的问题在于两点：一方面，缺乏对基础设施强大威力的正确认识，导致了没有配置相应的资源来搞这个工作；一方面，有些传统品牌即使有这方面的工作安排，也缺乏系统化思维，多数也就是发个朋友圈、写个公众号什么的。可以这么说，一个私域流量团队是否有打造基础设施的意识和实际行动，是区分搞大事还是小打小闹，以及"卖货的还是搞品牌的"这两个档次的标志。

说私域流量的基础设施能区分搞大事还是小打小闹的原理很简单，因为要搞好基础设施需要的人手可不少。下面，我们就重点来谈谈为什么通过它可以看出谁仅仅是在卖货，而谁是在把"卖货的"升级为"搞品牌"。

在公域平台，无论是传统的商场、超市还是互联网的电商和社交平台，消费者对品牌的接触点是不固定的，他们可以从任何一个阶段进入，也可以在任何一个阶段终止。而在私域流量池，所有的用户接触点都可以被归口，品牌方可以通过流程化的设计让消费者按照"线性"和"先后顺序"完成购买的全流程。

严格来讲，完美日记这种"啥都卖"的新国货品牌因其具有渠道品牌的属性——就像前面说过的那样，它想要覆盖面，就会牺牲穿透力——这会导致消费者虽然每天在私域流量池里活动，但对品牌的认知其实并不强。

但是，私域流量具有"认知窄化"的效果。毕竟这个流量池是你的品牌专有的，这就为品牌塑造提供了非常好的便利。因为通过它，消费者教育这事变得可控了。如果懂得这个基本原理，品牌建设就会是一个水到渠成的过程。

如果你没有这个意识，或者根本就没有搭建我们所说的基础设施，那么私域流量池不会再有其他地方可以用来进行消费者的"归口"教育，从而失去了品牌表演的最佳舞台。这会使你的"阶层固化"：卖货的，就会永远只是卖货的。

下面，我们就来看看如何打造私域流量的基础设施。它分为打造人设、自建媒体和社群矩阵三方面的内容。

2. 打造人设

现在不是流行"品牌人格"的说法吗？打造人设最重要的，就是要让消费者觉得这个人是"活的"，不像企业名称、品牌名称那样"不是人"的感觉。因此，打造人设就有以下几点需要注意：

名称应该像一个真人的昵称，想想完美日记的小完子你就知道了。如果不会，可以直接用你的微信昵称。

头像最好用真人，毕竟消费者都在你微信上了，展示品牌标识、教育消费者的工作随时可以进行，就不要在这个环节上计较了。

它应该和真人一样发布信息，这些信息当然主要是品牌和产品信息，但也应该包括真人的工作和生活信息。比如，完美日记的小完子就经常去网红圣地打卡，发些真实的照片，顺便再来一段："今日打卡复古 style，无意间发现一家超适合拍照的店"。这些都会使消费者觉得你是一个真人，而不是在和一个没有"人格"的企业在交流和互动。

能表现人设的另外一个东西是微信签名。比如小完子签名是这样的，"不知名逗比一枚，不撸妆会死星人"。这个签名比较好地表现了它"纯真者原型"的设定，虽然笔者认为魔法师才是美妆品类最好的原型。

打造人设对微信头像和背景图也都会有要求。在人人都有微信的时代，这个工作非常容易理解：按照品牌调性的要求，尽可能把自己个性、美好的一面展示出来，就是合格的头像和背景图。

3. 自建媒体

做过媒体的人都知道，虚报发行量是全行业的通病。尤其在移动互联网兴起后，以我们知道的内幕，一些全国知名的都市类报纸很多时候发行量都不超过1万份。如果遇到下雨天或者周末，发行量会更少。但是，它们的广告费可不便宜。

幸运的是，微信给了所有品牌一个自建"媒体"的机会。比如完美日记就通过自己构建的社群矩阵、通过它全部的微信朋友圈和公众号能触达2500万用户。如果以媒体发行量的标准来看，这是一个什么样的媒体巨无霸？这就是为什么我们反复强调基础设施对品牌建设的意义所在。我们对媒体的认识，应该穿透表象去看到本质：媒体没有所谓的固定形式，只要是按自己的调性在宣传，哪怕在电线杆贴广告，它也是媒体。

第二部分　品牌密码：他山之石　不会就学

通过微信来"自建"的媒体可以分为两部分：一个是公众号，一个是朋友圈。公众号大家都比较熟悉，而且很多传统品牌也都在运营公众号。但实际上，成功的新国货品牌对朋友圈的重视程度远远超过公众号，因为朋友圈可以强制触达，而公众号则是被动的。因此，下面我们就主要来聊聊朋友圈这个"媒体"的建设。通常说来，朋友圈的建设要遵循"结构化"的安排，这大致体现在三个方面：

发布的信息内容遵循一定的比例。比如70%的内容发促销和品牌信息，30%的内容发工作和生活信息。当然，每个品牌的情况不同，对这个比例可以调整，但是绝对不要全部发品牌信息，要让消费者看到是一个"真人"在发朋友圈。

每天应该发多少条朋友圈，则是另一种结构形式。发太多，有可能被拉黑；而不发呢，那就是浪费媒体资源了。通常来讲，在3~8条为宜。

朋友圈内容的调性要和人设保持一致。当然，这个人设的调性本身要和品牌保持一致。要从消费者的角度来看朋友圈内容，他们会认为小完子是一个人，一个人就不可能今天是这样的风格，明天是那样的风格，除非你扮演的是一个人格分裂的品牌形象。

最后，无论人设的打造，还是媒体的内容，都会有一些禁忌。比如，不能发三俗内容，不能违反微信规则，不能发影响品牌形象的内容等等，这些都是容易理解的层面。最后再次提醒那些想搞私域的传统品牌：做好自媒体，是从传统市场进入新消费领域最重要的一步，没有之一。

4. 社群矩阵

由于私域流量管理的用户规模一般都比较大，所以会涉及"矩阵"管理的概念。私域的矩阵可以分为用户矩阵和工具矩阵两类，两类矩阵的最终目的都是实现对消费者的社群化管理，一个在于虚拟的分类，一个在于管理的实施。

所谓的用户矩阵很好理解：就是把用户分为不同的圈子和群，不同的品牌，以及同一品牌的不同阶段，对用户的分法都有可能不同。比如，以用户的生命周期来分，可以分为导入期、成长期、成熟期、休眠期、流失用户等；而按照用户的贡献值来分，可以分为高价值用户、中价值用户、低价值用户等。

其实，这个分法和传统的CRM(客户关系管理)并没有什么不同。不过由于这些用户是通过微信来互动的，微信限制很多，但管理的工作量很大，所以很多企业一般喜欢采用第三方软件来管理。长远来讲，企业微信是不错的选择，虽

第八章 完美日记：史上最全最狠的私域流量打法样本

然有很多的不方便，但对大型品牌来说还是稳妥为上吧。

微信对私域和社群都有严格的限制，用户量达到一定规模，微信的监管力度就会加大。所以，虽然个人微信号可以加好友的上限是5000人，但是完美日记这样的私域商家一般都不会超过3000个，以避免封号的风险。

业界传言完美日记触达的全网用户高达2500万，如果我们剔除公众号、小程序那些浅层的触达方式，假定它的微信上就有1000万人的话，为了规避封号风险，假定每个微信号有2500人，那么完美日记应该会有4000个微信号左右。进一步看，如果每个客服管理10个微信号，那么完美日记管理微信群的团队应该在400人左右。这就是为什么我们说，通过基础设施可以判断一个团队是大搞还是小搞的原因。

上面我们说了矩阵在用户一面的含义，现在再来说说它工具的一面含义。工具矩阵，主要实现两个目的：其一，对消费者实现"筛网式打捞"，不放过任何一个可能获取消费者的机会；其二，每个工具都有自己的功能限制，要方便消费者就需要多种工具并用。私域流量通常涉及的工具矩阵有以下这些：

- 微信。这个很容易理解，微信是最大的入口。微信通常用于一对一的交流，主要由消费者发起。这一方面是由于私域的消费者规模通常很大，即使是小品牌，管理几万十几万消费者都是常事，一对一交流的人力成本可不是谁都能承受的；另一方面呢，由于微信的管制，私域卖家一般不敢频繁群发消息。

- 微信普通群。你可能奇怪为什么把微信和微信群分开。实际上，它们之间的功能还真的有很大的不同。上面说了微信主要用于一对一交流，而微信群就可以随心所欲"灌水"，只要你不怕消费者退群。所以小型的私域卖家如果用户规模小，就不要使用第三方软件，直接通过微信群来进行用户分级就可以了。

- 微信快闪群。这是根据临时性的活动，或者需要引导消费者去看直播而临时组织的群。活动结束，群就解散。这看起来很费事，实际上消费者对这类群的评价比较高，因为它具有一定的新鲜感和刺激性，这让人想起了"阅后即焚"那个曾经火爆一时的应用。

- 微信朋友圈。朋友圈既是媒体，又是管理工具。至少，它可以充当你管

第二部分　品牌密码：他山之石　不会就学

理的公告板、大喇叭或者宣传栏。
- 微信公众号。公众号分为服务号和订阅，服务号偏管理，订阅号偏宣传。比如完美日记号称全网 2500 万用户，能频繁触达的工具估计只有订阅号。
- 微信小程序。小程序很轻，用来与消费者进行初次接触很容易，毕竟哪个消费者也不想一开始就安装你的 App 吧？其他诸如发红包、快闪群促销等都可能需要小程序，还有就是线下二维码的"着陆页"最好也选它。
- 企业微信或钉钉。进行大规模和稳定的管理，这两个工具之一是必然的选择。如果你的战场是偏淘宝、天猫"阿里系"的，那么选钉钉会不错；如果你的战场是偏微信的，企业微信就是必然的选择。企业微信毕竟是腾讯官方出品的，不可能像第三方软件那样让你想干啥就干啥。但它最大的优点就是稳定，只要你不乱来，就不会出现第二天早上起来几千个微信号全部作废的情况。所以从长远来讲，你应该习惯采用企业微信来做用户管理。
- HTML5。在进入群以后，为了避开微信的限制，HTML5 的页面也可能会被更多地采用。除了上面的链接和二维码，微信没有办法像控制自家小程序那样控制 HTML5 网页。

可以说，在私域的基础设施方面，自建媒体和社群矩阵是最有价值的两个方面。只要你用拉力和推力的原理去对应一下，就会明白它的价值所在。而且它不像其他所谓的"红利"都有个红利期，只要腾讯不倒，微信不死，这个价值就会长期存在。朋友，赶紧行动起来，把这个每个品牌都能公平获取的金矿利用起来吧。

（二）社群促销

进入私域流量打法的圈鱼、钓鱼、养鱼阶段，也就是增长黑客所说的促活、存留和裂变等变现阶段时，根据消费者质量、阶段的不同，可以有很多方法。从某种意义上讲，这其实也是结构化的运营思想。比如，根据消费者的接触深度，刚接触的，也就是浅层的，就让他们关注微信公众号或者添加微信小程序；随着接触的渐渐深入，是一定要消费者加微信的，因为只有微信才是保持长久跟他们深度互动的工具；更深层的就可以拉入特定的微信群，当然，这个动作也有可能是一次性完成的。从整合营销传播所要求的"针对不同的消费者应该说不同的话"

这个角度来看，私域社群是把这个精神贯彻得最好的。

在微信群，对消费者的管理也充满了整合传播意识。比如，私域的卖家会把不同的微信群当作一个个"喂料"不同的鱼池。对初次接触的消费者，他们刚从公域那个乱哄哄的地方因为某种诱惑才进到这个私域鱼池来，那么这个池的产品就以价格低廉的"钩子"产品为主。待他们对品牌有了一定认识后，才会分到所谓的高价值群，其实也可以说是高价格群。在这个过程中，有三个方面的技巧：

- 促销方式。私域卖家在一个微信群通常采用的促销方式有秒杀、接龙、满就减、满就送、送红包等。从心理学上看，每一种都是让消费者"剁手"的利器。
- 促销借口。促销的时候可不能放低价格直接就来，而必须找一个合适的借口，显得你降价是有理由的。否则消费者就会觉得你太随意了，以至于认为你的产品不那么值钱。适合的促销借口通常有奖励新用户、回馈老用户、品牌周年庆、公共节假日、新产品上市、老产品清货等。
- 促销频率。根据消费者的购买量、使用时长，当然更多是根据品牌自己的上新、出货频率来安排。促销不要太泛，但是也不要太少。针对私域这个特殊的领地而言，小促销一天一次，中促销一周一次，大促销一月一次比较好。

当然，对社群的管理也不能太功利，很多时候也要注重与消费者之间的沟通，刻意营造"家人"的氛围。毕竟谁也不会喜欢你成天像一个街头大喇叭一样吼着卖货。比如，专门拿一些时间传授品牌知识或者分享使用心得，就是完美日记经常采用的活跃氛围的方法。

在"小完子完美研究所"微信群中，小完子每天都会发布高质量的美妆内容与消费者进行互动，引发他们的关注和讨论。对于化妆"小白"来说，这也算是福利吧？完美日记还会通过发布新品、直播化妆、现场抽奖等这些持续不断的活动来营造社群氛围，从而更加紧密地与消费者建立联系。

（三）用户裂变

追求用户裂变是私域打法的重要一环，毕竟现在流量越来越贵，谁也经不起长期的大规模烧钱投放，所以人拉人这种裂变方式不但具有很大的想象空间，而且真的很有实效。当然了，在用户裂变方面，拼多多可以给所有的社群品牌做老师，其中自然也包括完美日记，现在很多私域的裂变方式都是拼多多首创的。

拼团、分佣、红包甚至直接给现金都是很好的方法，只要不触碰传销的人头费、三级分佣这些底线。在这个基础上，只要你给消费者的利益足够，总是有人愿意去帮你拉人。不过，现在搞这个的品牌多了，对技巧要求会很高，因为消费者也有点审美疲劳了。但是，作为一个有效的获客方式，还是值得你去多想办法。

搞裂变必须要预防那些搞"灰产"的人薅羊毛。因为，只要涉及和钱有关的活动，就会有一帮人打你的主意。小额的用机器刷，大的用人工刷，很多做"灰产"的 App 会直接把它们能找到的有奖活动列表并且排名，让一帮搞"网赚"的人作弊。

六、完美日记打法中不完美的地方

私域是一个特殊的地方，社群是一种特殊的品牌。所以从完美日记的打法中，你会看到它更偏重运营和促销，而不是品牌建设。因此，这时候我们就要从战略的角度去看待它的行为。

严格来讲，在完美日记的企业价值链中，它目前所倚重的战略环节(核心竞争力)并不是品牌，而是运营和产品。这是由于它更多是身处"私域"而非公域，因此品牌影响消费者购买决策的作用就会下降。自然，品牌在企业中的位阶就会下降。估计在完美日记内部，运营和产品部门的权重都会高于品牌部门的权重。

以定位理论来看，完美日记不但定位不够清晰，而且在品牌延伸方面也很随便。不过我们在分析它的打法时已经说过，社群品牌具有渠道品牌的属性，所以现在还没有因为品牌延伸而影响业绩。但是，社群品牌啥都可以卖的根本原因还是在于它把消费者限定在一个小圈子内，所以沟通力很强，可以通过面对面的说服解决"啥都卖"带来的信任问题。

但是正因为它啥都卖，也就啥都代表不了，对圈层的穿透力就会减弱，难以实现对消费者的大规模覆盖。虽然通过大规模的投放可以暂时解决这个问题，但是作为一个有野心的品牌，完美日记还是应该通过定位派或者原型派的品牌打法，有意识地让自己的品牌专家化。因为只有"专家品牌"才能单点突破，才能穿透

第八章 完美日记：史上最全最狠的私域流量打法样本

圈层，才能实现用户群的大面积覆盖。

从品牌原力理论的角度看，完美日记的品牌原型不够清晰。虽然"暗合"了纯真者的原型特征，但是还处于这个原型的较低层次，并且有和凡人原型"混血"的倾向。还有就是完美日记所处的美妆品类，它的品类原型是魔法师。正如定位理论说的那样，只有代表品类的品牌，才是最有潜力的品牌。这和品牌原力理论的观点差不多：只有激活品类原型的品牌，才是最有威力的品牌。

虽然完美日记所在的私域流量是一个特殊的空间，但是完美日记所属的美妆却是不折不扣的刚性品牌类型。现在完美日记凭着"在快板界歌唱得最好，在歌唱界快板打得最棒"的跨界能力，能暂时收获一波跨界红利。但是，如果一直轻视品牌的专家化方向，一直不注重打磨品牌的穿透力，那么当大规模的投放停止时，由于缺乏品牌塑造所积蓄的品牌潜能，它的成长就容易止步不前。

第九章
理想汽车：用性价比，能卖得动"理想"吗

* * * * * *

- 破译案例：理想汽车
- 新国货排行：第 6 名
- 2020 年销售额：92.8 亿元
- 同比增长：3225%
- 成功密码：本案例侧重提供解决方案，在蔚来的高档定位、中国电动汽车默认的中档定位和五菱宏光 MINI 的低档定位之外，为理想汽车找到有价值的定位方向

在中国造车新势力所谓的三剑客中，当蔚来率先占住了"高档"这个定位后，就让理想和小鹏陷入了尴尬的境地。按照品类分化的打法，有了蔚来这个高档定位后，顺理成章地还应该有中档和低档定位才对。但在小鹏和理想看来，你蔚来的造车水平难道和我不是一个层次的吗？凭啥我就得非要比你低一档？而如果走功能卖点的定位方向，却又是走所有中国电动汽车不愿走的"雷区"。那么，就没有其他打法可以让理想突围了吗？

一、从乐百氏的 27 层净化说起

作为营销人，你应该记得乐百氏"27 层净化"那个经典广告。当年乐百氏

凭着这个与众不同的广告红遍了大江南北。如果让定位派的人来归类，他们会把这个广告划入 USP 卖点派的范畴。不过，在定位派眼里，USP 这个卖点没啥战斗力。"品牌形象理论取代了 USP 理论，而定位理论又取代了品牌形象理论"，这是定位派各类书籍的口头禅。

但在笔者看来，乐百氏的这个 27 层净化虽然被定位派划入了 USP 卖点派，但从定位的角度看，这难道不是标准的"纯净"定位吗？和农夫山泉的"天然"定位相比，在营销上你真能看出区别？

USP 是一个功能非常强大、实战价值非常高的理论。无论定位还是蓝海战略，都有对其模仿的痕迹。除本章的理想汽车外，我们还会在云鲸拖地机器人、薇诺娜等多个案例中"跨界"用到这个超级实用的工具。

回到乐百氏的 27 层净化，据说它的同行曾经愤愤不平地说："27 层算什么？我们家可是 28 层啊！"这个同行的抱怨也许是对的，但那是站在专业的角度，问题是消费者并不知道啊。针对消费者的认知，营销讲究的是"抢先占位"，讲究的是"认知大于事实"。

很多人都记得《定位》中那个经典案例。里斯和特劳特在给某个啤酒品牌定位时，要求这个酒厂打广告号称它是销量第一，但是这酒厂的老板很犹豫，说自己很多时候都不是第一，竞争对手才是。结果当这个本来是第二的酒厂广告推出不久，它的销量就真的成了第一了。

这个本来位居第二的酒厂通过抢先宣传自己是第一，结果就真的成了第一，其底层原理和乐百氏的 27 层净化其实是一样的：如果你的产品有特点，一定要抢先喊出来，一定要抢先让全天下的人都知道而不要管其他品牌是不是也有，谁先喊，谁就能抢得先机。那么，针对理想所在的汽车品类，这个招数还管用吗？

二、汽车品牌为啥没法打"功能卖点"

按照乐百氏和啤酒厂的逻辑，只要胆子大，敢抢先"吹"，就算实际优势并不比同行突出，最终也会胜出。这么好用的手法，为什么汽车行业、手机行业甚至是家电行业都不这样做呢？这是因为品类不同。乐百氏们那套针对消费者玩信息不对称的打法，并不能放之四海而皆准。

任何品牌理论，甚至包括品牌本身都有自己的能力边界。然而有些半桶水的

第二部分　品牌密码：他山之石　不会就学

专家总喜欢坐井观天。在他们眼中，一味药要么可以治百病，要么就根本不管用，完全没有因时制宜、因人制宜、因地制宜和因"品"制宜的对症下药概念。

为啥汽车行业不能采用乐百氏的打法呢？原因其实很简单，纯净水、啤酒都是用户介入度很低的品类，用户才不会花时间和精力去搞清你是27层还是28层。但是汽车、手机这些可是用户介入度很高的品类，你所公布的任何一个微小的技术参数，都会被无数的评测机构、媒体和发烧友解剖1万次。所以在这几个行业想利用信息不对称在营销上打技术牌，除非你是真有料。

也就是说，从定位的角度看，理想汽车如果走"功能定位"方向，其技术实力短期似乎支持不了；而"市场定位"呢（这里指第一啦，高档啦，领导者之类，不是泛指市场本身），高档国际市场的定位被特斯拉占了，高档国内市场的定位被蔚来汽车占了。让理想走低档定位，它会觉得对不起自己的名字。何况真的定位于低档，还有神车五菱宏光 MINI 呢。你说啥，中档定位？请问，现在整个中国电动车市场，还有比中档更激烈的赛道吗？

三、从小米和日本车那里找灵感

当特拉斯和蔚来用定位卡住高档地盘，而功能定位又不适合中国电动汽车时，同样也用定位理论，难道就不能在电动汽车领域有所作为了吗？这个答案，可以到小米身上去找。电动汽车能遭遇特斯拉，小米当年不也遭遇了苹果吗？可人家小米不仅站稳了国内市场，而且还冲出了亚洲。那么，小米怎么胜出的呢？

(一) 性价比是一个什么样的定位

小米当年是如何胜出的？主打性价比啊！同样作为中性品牌（指企业可以依靠品牌以外的因素赢得竞争，因而品牌建设需求为中等的品牌），同样作为用户介入度很高的品类，手机可以主打性价比，汽车当然也可以主打性价比啊。何况，同为汽车市场，性价比这个定位可是当年日本汽车打垮美国汽车的大功臣。丰田、本田、三菱……虽然跨越了时空，但它们过往的辉煌完全可以作为理想汽车走性价比方向的可靠参照。

那么，性价比是一个什么样的定位呢？是"市场地位"定位吗？显然不是；是"功能定位"吗？是的。不过，它不是突出某个技术亮点的功能定位——这是包括理想汽车在内的所有中国电动汽车都不想走的定位路线。性价比的确是功能定位，但它是具有很高笼统性的功能定位，可以让理想汽车绕开类似乐百氏那种USP卖点派难以达成的技术条件。

性价比的定位方向，理想真的能走通吗？我们现在就试着来推演一下：和特斯拉比起来，它价格便宜；和小鹏比起来，它配置高端（这里是假设走了性价比方向后）。市场没有理由不接受这样的品牌啊？

(二) 用USP"考评"定位

现在，我们就用定位派一向瞧不起的USP来"考评"一下定位，用它的三大原则来"考一考"性价比这个定位，看看是否合格。方法其实很简单，只要把USP三大法则中的卖点换成定位，结果完全一样。先来看看USP的三条原则：

- 一个产品必须有一个卖点，而且只能突出一个。
- 这个卖点是对手没有提过的。
- 这个卖点是用户需要的。

1. 只突出一个卖点

我们先来看第一条，我们给理想汽车建议的品牌塑造方向是：打造其鲜明的高性价比形象，而且终生只打造这个卖点。为什么不能顺便也突出一下生活方式的形象呢？根据品牌价值定律"品牌的精神价值和性价比成反比"，也就是性价比越高，品牌的精神价值就越低。

因此，如果理想汽车真的要走性价比这个功能定位的方向，就别跟风去学其他品牌拍"红酒 + 美女 + 帅哥"模式的广告了，应该直接告诉消费者：买理想汽车很划算。经过一定时间的积累，等理想到了丰田、本田那个地位的时候，再去打造生活方式的品牌形象也不晚。

2. 这个卖点是对手没有提过的

再来看第二条，这个卖点是对手没有提过的。在电动汽车行业，绝对没有提过性价比的品牌比较少，但是长期塑造这个品牌形象的则没有。因此，理想汽车完全可以通过强大的传播力量去占有这个定位，让它变成"竞争对手没有提过"，

第二部分 品牌密码：他山之石 不会就学

这不就是传统定位三大打法中的抢先占位吗？

3. 这个卖点对消费者是否有价值

第三条就更简单了，性价比这个卖点肯定是消费者需要的。特别针对汽车这样的用户介入度高、总价又不低的产品，消费者有时会反复比较价格。因此，性价比肯定是消费者非常需要的，尤其是买第一辆车的年轻人。

有了日本汽车和小米的对标，理想汽车的定位之路就会非常顺畅。动用一切可能通用的力量，统战一切可能统战的人，极致地运用整合营销传播 (IMC) 的思想来强化自己的性价比定位，理想将会在中国的电动汽车市场上走出自己的特色之路。

(三) 性价比和低档是一回事吗

你一定还记得我们在前面曾经说过，我们要在蔚来汽车的高档定位和理想汽车不想采用的低档定位之外，为理想找到一个有价值的定位。因此，你应该很疑惑：性价比的定位不就是低档定位吗？

的确，如果侧重看档次，性价比和低档之间的确有一定的关联性。用我独创的品牌价值定律来看，"产品的性价比和品牌的精神价值成反比"，不注重精神价值的品牌，一般都是低档品牌。

但是，真正能与性价比完全画等号的不应该是"物美价廉"吗？因此，性价比这个定位给消费者更重要的品牌联想应该是划算，而不是便宜吧？

具体到电动汽车这个品类，五菱宏光才是标准的"便宜"定位，也就是低档定位。而划算，也就是性价比，可是包含了高、中、低全部档次的。比如，一辆价值1000万元的劳斯莱斯，如果卖500万元，这算不算划算？当然很划算对不对？你再看看，虽然很划算，但它却是一辆500万元的车，能说它是便宜车、低档车吗？

当这篇分析文章以"用性价比这个很 low 的定位，能卖得动理想吗"的标题发布到笔者的"两栖派品牌实战研究院"微信公众号一个月后，雷军宣布小米要进军汽车领域了。可以想象，小米手机凭着性价比的定位已经尝到了甜头。针对电动汽车领域的性价比这个定位，如果理想不用，雷军一定会用。

第十章
小鹏汽车：名字的缺陷，用品牌人格可以反败为胜

* * * * * *

- 破译案例：小鹏汽车
- 新国货排行：第 9 名
- 2020 年销售额：55.5 亿元
- 同比增长：139.2%
- 成功密码：本案例侧重提供解决方案，通过混血原型、双剑合璧打法的模拟落地，解决小鹏遭遇的品牌名称问题

在本书分析的 20 个新国货百强品牌中，理想汽车、小鹏汽车都是例外。针对其他百强品牌，我们侧重挖掘它们的成功密码；但对理想汽车和小鹏汽车，我们则是给了它们一些在品牌塑造方面的建议。并且，在小鹏汽车这个案例中，我们还越俎代庖，更进一步帮它写好了具有浓浓叛逆者原型风格的广告语：自立，从拥有一辆小鹏汽车开始！

一、原型派武功最适合汽车品牌

对于小鹏汽车，网上诟病最多的就是它的名字。的确，作为一款市场占有率还不够高、品牌影响力还不够大的汽车品牌，小鹏这个名字的缺陷对品牌的影响是现实存在的。不过，如果从长远来看，名字的缺陷就没那么重要了。比如，法

第二部分　品牌密码：他山之石　不会就学

拉利、丰田、福特、林肯、梅赛德斯都是人名，甚至同为电动车的特斯拉，也是人名。当然，也要承认，其中有些人名与小鹏确实不同，比如林肯，比如特斯拉……

　　站在"戴着镣铐跳舞"的角度看，小鹏名称上的这个"bug"（网络用语，指缺陷）就无解了吗？当然不是！如果处理得好，不但没问题，甚至还有可能化险为夷、反败为胜呢。不过，这又得从我们反复强调的观点说起了：严格来讲，汽车和白酒这两个品类是非常不适合用定位理论来塑造品牌形象的，适合这两个品类的品牌工具是原型派，而不是定位派。

　　因为，汽车和白酒都是讲调性的品类，消费者选择这两种产品的时候，更多时候是在寻求自己的情感认同。定位派的诉求方向偏理性，很硬很刚；而原型派则不同，强调从品牌人格、品牌个性的角度塑造品牌。

　　我们曾指出过定位的盲区，也就是定位派武功无能为力的地方。一般来说，要形成定位的盲区需要特定的条件，也就是当产品间的差异性很小而同档次竞品比较多时，定位的盲区就会出现。而白酒和汽车刚好就同时符合这两个条件。

　　单从品牌塑造的效果来看，定位派理论简单粗暴，成就的品牌数量众多；原型派的理论高深莫测，成就的品牌数量虽少，但却是"成一个，牛一个"，比如苹果、哈雷、耐克、万宝路、星巴克、花西子、内外……究其原因，不是原型派理论适用范围窄，而是这个品牌武器太先进，使用说明书太复杂，很多人不懂！当你真懂了，就知道这是一个所向披靡的品牌塑造重器了。

二、在时代变迁中挖掘小鹏汽车的品牌原型

　　现在，我们就试着用原型派理论来为小鹏汽车塑造一个品牌人格，看看是否能让小鹏这个在很多人看来比较"low"（网络用语，指低端或低俗）的品牌名称化险为夷、反败为胜，爆发出比蔚来、理想那种高大上的名字更强的爆发力。

(一) 塑造小鹏汽车品牌人格的三个层次

　　用原型派武功来塑造品牌人格，有浅层的、中层的和深层的三种方式。

　　浅层的，直接在马克的品牌12原型中找一个原型就可以，也就是采用投射法来寻找原型。比如，小鹏可以是纯真者原型，也可以是探险家原型，当然，还

可以是很多汽车品牌都喜欢的统治者原型。

中层的，用玛格丽特·马克的方法挖掘纯真者、探险家或统治者"未被满足的渴望"，这种原型会比浅层的原型爆发力强两倍。我们将品牌12原型中最厉害的这种打法称为反射法，这是相对于投射法来说的。

深层的，就得用道格拉斯·霍尔特在文化战略理论中说的社会观念冲突了。通过发现冲突，将隐藏在其中的亚文化挖掘出来，然后用我们独创的原型破解方法，再"碰撞"出一个新的原型出来，这就是"混血原型"。用这种方法塑造出来的品牌人格，会比浅层的原型爆发力强10倍。

为了通过原型派武功让小鹏汽车这个有点瑕疵的名字真正达到反败为胜的效果，我们就用最深层的原型，也就是社会观念冲突得到的原型来模拟一下。

(二) 在社会观念冲突中寻找小鹏的品牌人格原型

对品牌原力理论而言，具有超级爆发力的原型来自社会观念冲突。由于我们会运用"混血原型"来塑造小鹏的品牌人格，因此，需要先用霍尔特在文化战略理论中介绍的方法来找到小鹏人格原型中的渴望原型。

1. 描述主流文化，避开竞争对手

小鹏汽车所在的汽车市场，其主流文化仍然还是离不开传统汽车走的高贵、奢华路线，这和白酒、男装、运动装所在的市场高度雷同。因为它们都是定位的盲区，在不能有效利用原型派武功的情况下，品牌形象雷同的问题在这些领域暂时无解。

以造车新势力三剑客为例。蔚来汽车的广告语是"Blue Sky Coming"，已经非常接近"探险家"原型的意思了，但是实际上，其整合传播的内容仍然是"生活方式品牌"；理想汽车的广告语是"自由的智能电动车"，看似走"混动"的定位路线，但是仍然不忘强调"舒心的车，温馨的家"；小鹏号称要"做更懂中国的智能汽车"，但是从传播上几乎没有去突出这个方向，我们看到的还是一组组高大上的奢华画面。

汽车品牌们的品牌形象实在太雷同了，它们所宣称的品牌个性，至少在宣传层面上很难看到。因此，为小鹏汽车塑造品牌人格的第一步，就是找到其所在市场的主流文化，并避开它。仅从这个角度来说，无论为小鹏塑造的品牌形象最终

第二部分　品牌密码：他山之石　不会就学

如何，至少，相比它的同行，这种方法塑造出来的品牌形象会具有一定的差异性。

2. 识别当前的社会变迁

现在的新国货为什么火？原因之一就是现在中国人有钱了，年轻人可以不和父辈一起玩了：可以不看同一台电视，可以不吃同一种食物，可以不进行相同的娱乐，可以不在同一个社交圈说话(这个最重要)。如果全国人民的整体生活质量不提高，这些能做到吗？

以霍尔特的文化战略理论来看，任何一个社会变迁都隐藏着塑造品牌的亚文化机会。下面，我们就来看看如何挖掘存在于"年轻人不和父辈一起玩"中的社会变迁机会。

3. 挖掘社会观念冲突

在物质和社会基础设施可以满足年轻人不和他们的父辈一起玩的情况下，他们身上的"叛逆者"原型就可以激发出来。其实，每一代的年轻人都叛逆，只是以前的年轻人经常跪在父辈面前不敢吭声；而现在的年轻人则可以在自己的网络世界和社交圈子里尽情表达。当然，这也和社会越来越文明有关系，现在的家长真的很少打孩子了。

因此，从社会观念冲突的角度看，叛逆是人类社会新老交替时期的永恒冲突，一代接一代地不会停息。而这，正是小鹏汽车可以长期利用的市场机会，否则等年轻人变老了还要更换品牌形象，那就得不偿失了。

(三) 为小鹏汽车匹配品牌人格原型

匹配混血原型是一个复杂的过程，由于篇幅所限，在这里就不讲内在原理了，不熟悉这个原理的请回到"原力：就是品牌原动力"那章去复习。因此，在这里我们就直接根据社会观念冲突挖掘的情况，直接为小鹏匹配合适的原型。

1. 原型匹配：小鹏汽车的渴望原型

在上一辈与下一辈永不停息的新老观念冲突中，叛逆人群成为人类社会永远的亚文化。用品牌原力理论中的方法，我们首先要把这个从社会观念冲突中发掘出来的亚文化"转化"成原型。

根据品牌12原型的分类，叛逆的年轻人显然是一个标准的叛逆者原型。如果你不熟悉这个原型，只要想想乔布斯的苹果，还有风行北美的哈雷摩托就可以了。同时，国内的内外内衣、江小白也是这种原型。

2. 原型对应：小鹏汽车的身份原型

要获得深层的原型形象，就要进行原型混血。当有了渴望原型后，还要找到与之对应的身份原型，这样才能正确地进行原型混血，从而引爆原型蕴含的巨大能量。寻找渴望原型的最好方式在上面我们已经完成了，就是用品牌大师霍尔特在文化战略理论中教授的，从社会观念冲突中去挖掘。

而身份原型呢，则可以从品牌当前的消费者定位中去找。这就很简单了，不仅是小鹏汽车，几乎所有的中国电动汽车，它的用户大多是年轻人，而且是有一定经济实力的年轻人。因此，我们可以把小鹏汽车的身份原型定位为：有经济实力的年轻人。

3. 原型混血和解码：叛逆者+有经济实力的年轻人

关于混血原型的心法是笔者在品牌原力理论中独创的，虽然就简简单单的两句，但却义理深奥、威力巨大，它是这样的：

- 渴望原型负责原力的强弱：用渴望原型确定原型的行为内容。
- 身份原型负责原力的精确：用身份原型限定这些行为的方向。

有了这个心法，我们就可以进行原型混血的实际操作了，这大致分为三步：

1) 找出叛逆者这个渴望原型的行为内容

叛逆者原型的行为都可能有哪些呢？打架斗殴、离家出走、革命暴动、行为古怪、奇装异服、酗酒、独立、自立、自由散漫、喜欢MTV、有开创性……

2) 用年轻人的身份来限定渴望原型的行为

小鹏的消费者不仅是年轻人，而且还是有经济实力的年轻人。中国现在的汽车保有量虽然很高，但还没有像美国一样可以人手一辆。因此，我们选择叛逆者这个渴望原型行为中的正面部分。毕竟有经济实力的年轻人不可能成天寻衅滋事、花天酒地吧？

3) 确定混血原型

根据混血原型心法所揭示的方向，我们完全可以得出这个结论：独立，自立

第二部分　品牌密码：他山之石　不会就学

就是这个混血原型最好的人格特征。不过，在独立和自立中，我们选择了自立。这是为什么呢？在后面介绍的定位＋原力双剑合璧的打法中，我们将为你揭开谜底。

三、小鹏汽车的品牌人格塑造

有了渴望原型，也有了身份原型，并且在原型混血后选出了原型的行为方向：自立。现在，小鹏的品牌人格已经呼之欲出了。不细讲原理了，这里我们就直接给出小鹏汽车的品牌广告语：自立，从拥有一辆小鹏汽车开始。

现在，我们来看看啥叫反败为胜："自立，从拥有一辆小鹏汽车开始"这个超有威力的广告语和小鹏配合得真是天衣无缝啊。如果把其中的小鹏换成理想、换成蔚来，就失去了小鹏的人格化魅力和感觉了。因此，这个广告语不仅完全可以化解小鹏品牌名称中的缺点，反而可以强化它的优势，简直是小鹏汽车的专属人格形象。如果笔者来为这个广告语创作品牌形象片，那它应该是这样的：

一只关在笼子的小鹰（也可以虚构鹏的形象），刚一飞出笼子的时候，一飞冲天，很开心、很快乐（隐喻是年轻人挣脱父母的管束）。

但它很快就遭遇了诸如猛禽、猛兽和极端天气的挑战，然后受伤（这是成长必经的旅程）。

最后，它历经险阻，克服了重重困难，变得成熟稳重。它已经长大，于是重新飞上蓝天。小鹰幻化成一辆小鹏汽车，行驶在一望无际的广阔天地间。此时，画外音响起：自立，请从拥有一辆小鹏汽车开始。

你看，这不就是一个叛逆的年轻人典型的成长历程吗？这个广告语让我们想起了一则品牌故事。美国著名的原型派品牌大师克洛泰尔·拉帕耶，他擅长找到每个产品的品类密码，有点类似郎咸平以前说过的"行业本质"。克洛泰尔·拉帕耶曾经担任过小布什竞选总统的智囊，他认为美国汽车的密码就是"自由"，这其实也是应了年轻人的叛逆心理。但愿小鹏汽车最终也能克服困难，成为涅槃重生的鹰。

四、双剑合璧，让小鹏更上层楼

在给小鹏汽车赋予了"自立"这个品牌人格后，我们再来看看如何用笔者独创的定位+原力双剑合璧打法，让小鹏的品牌威力更上层楼。记得吗？前面我们在分析小鹏汽车混血原型的行为方向时说过，其实独立和自立都是选项，但是我们却最终选择了自立。这是因为它暗含了品类分化的思想，而这正可以演绎定位+原力这个超有威力的双剑合璧打法。

独立，意思是家长还要再管你的生活。比如，在中国，至少上大学以后，几乎所有的年轻人都独立了。但他们中的多数人都还买不起车，甚至连生活费都得家长出。

而自立，不仅包含了独立的概念，更包含了能自食其力，甚至反哺家庭的意思。这时候他们给自己买的第一辆车，从概率上来讲不会是高端车型。从年龄和收入双重限定上看，刚刚自立的年轻人正是小鹏汽车的典型用户啊。

因此，一句"自立，从拥有一辆小鹏汽车开始"，天然包括了定位+原力的双剑合璧打法。而且从句式上看，这条广告语不用像蔚来汽车那样，要写"蔚来汽车：Blue Sky Coming"。小鹏这个广告语不用再附加小鹏汽车几个字，品牌名称已经包含在广告语之内了。语气真实自然，利于传播，不装、不造作。显然，这是一个优秀人格品牌的最佳流露。

第十一章
Babycare：一个渠道品牌的封装艺术

* * * * * *

- 破译案例：Babycare
- 新国货排行：第 14 名
- 2020 年销售额：43 亿元
- 同比增长：80%
- 成功密码：洞悉了母婴品类的"消费者任务"，以"一站式"为中心，采用"封装"技术，对渠道品牌、消费者任务、照顾者原型等毫不相干的属性进行了有机融合

产品品牌的卖法，是把 1 个产品卖给 1 万个人，比如元气森林；渠道品牌的卖法，是把 1 万个产品卖给 1 个人，比如 7-ELEVEn。至于完美日记、花西子等诞生于私域和社群的品牌，虽然本质是产品品牌，却带有渠道品牌的属性。这种品牌在扩大品类覆盖面的同时，不得不牺牲品牌的穿透力。那么，有没有一种打法，能把 1 万个产品卖给 1 万个人呢？这个棘手的问题，就交给本章的主角——Babycare 来回答吧。

一、打开 Babycare 的关键钥匙

要真正弄懂 Babycare，首先就要知道它是一个渠道品牌，渠道品牌这个类型

与我们常见的洗发水、面包、化妆品不是一回事。洗发水那些都是产品品牌，而Babycare更多是与沃尔玛、屈臣氏等"啥都卖"的品牌差不多，属于渠道品牌。

关于渠道品牌，我们在分析完美日记那章时说过，多数社群品牌都具有很强的渠道属性。因为，产品品牌追求的是"把1个商品卖给1万个人"，而渠道品牌追求的是把"1万个商品卖给1个人"，两者的打法逻辑存在很大差异。不过，虽然同为渠道品牌，Babycare和沃尔玛那种纯正的渠道品牌，以及完美日记那种带有渠道属性的社群品牌都有很大的不同。

相对沃尔玛，Babycare更像是名列海豚社这个榜单第13名的锅圈食汇，它们都是专业渠道，有点重度垂直的味道。关于重度垂直需要解释一下，这是已经在中国香港上市的互联网企业科通芯城所创建的商业模式。以锅圈食汇为例，我们可以很清楚地看明白啥叫重度、啥叫垂直：专做火锅食材，够垂直的吧；火锅食材一网打尽，够重度的吧？只不过，锅圈食汇是在实体店采用这个因互联网而兴起的模式而已。

那么，针对同样具有渠道属性的完美日记等社群品牌来说，Babycare有什么不同呢？通过细看它的打法你就可以发现：Babycare这个渠道品牌的"封装"艺术非常高，封装的优势使它具备把"1万个商品卖给1万个人"的能力。这就意味着，一个原本因为什么都卖而缺乏穿透力的社群品牌，拥有了传统专家品牌单点突破的破圈能力。因此，单纯从品牌的角度，笔者非常看好Babycare的未来。

二、任务封装：一站式购物

很多人都知道克莱顿·克里斯坦森教授，因为他创建了"颠覆性创新"这个理念，这几乎承包了过去5年中国商界的营销话语权。但是很多人不知道的是，对营销界，克里斯坦森教授还有个并不亚于颠覆性创新的贡献——"任务论"。该理论的大意是：我们开发产品时，不应该站在企业的角度去想这个产品的性能、特点等，而应该站在消费者的角度，看看能帮助他们完成什么样的任务。

相信你已经品出味道了，这不就是"用户想买的不是钻头，而是墙上的一个洞"的学术版嘛？这的确有点类似。《大西洋月刊》的专栏作家德里克·汤普森做过专门研究，说人们对某件事的"喜欢＝熟悉＋意外"。也许克里斯坦森的这个任务论只有熟悉，没有意外，所以对它有兴趣的人不多。但是，它对我们分析

Babycare 这个渠道品牌却有十分重要的意义。

因为 Babycare 在母婴产品方面所谓的"一站式购物",正是年轻妈妈,还有爸爸们标准的"购物任务"。可以想象,在 Babycare 这样的"全品类 + 专业母婴 + 渠道"品牌没有出来之前,家长们要买齐小孩的各种用品——搜寻成本、对各种产品的比较和决策成本该有多高啊!

对照科通芯城和锅圈食汇你会发现,这就是标准的重度垂直模式。只不过针对消费者而言,锅圈食汇是弹性需求,可买可不买;但是 Babycare 这样的母婴用品却是刚性需求,只有在哪家买的问题,没有买不买的问题。可以说,这是 Babycare 得以快速崛起的核心秘密。因为,从品类战略的角度看,它和锅圈食汇一样,凭着"一站式购物 + 垂直领域"这个看起来不太清晰的品类,进入的是一个没有竞争对手的蓝海。

三、品类封装:先弱势品类,再强势品类

当有任务意识、有一站式购物意识之后,品类封装就是自然而然的事。因此你可以看到 Babycare 从最初的腰凳、推车、餐碗,到现在主推的湿巾、纸尿裤……几乎涵盖了洗护、孕产、出行、喂辅、玩乐、寝卧等所有的母婴品类。

Babycare 将新产品依次封装入渠道品牌的基本路线是:先封装非标品,再封装标品。其实,腰凳、餐碗这些都是弱势品类,将散乱的弱势品类封装在一起不但没有风险,反而能降低消费者的认知负担。

那么,为什么 Babycare 一开始不主推纸尿裤、洗护等产品呢?那是因为这些都是强势品类,将强势品类封装在一起具有很高风险,会遇到各个强势竞争品牌的抵抗。比如,海尔"领先的家电制造商"这个封装就会分别遇到格力、容声、格兰仕、创维等强势专家品牌的竞争。Babycare 虽然是渠道品牌,天然具有包容性,但是它这种"自己造"的渠道品牌和沃尔玛那种代卖的渠道品牌有很大的不同,啥都自己造的渠道品牌首先需要解决自己的信任状问题。

因此,从品类封装的先后顺序来讲,显然应该先封装弱势品类,因为这个领域没有强势的专家品牌;待自己的渠道品牌本身可以成为自己的信任状后,再封装强势品类,到时即使遭遇强势品牌的竞争,在消费者要完成一站式购物这个任务的加持下,也照样能维持一定的竞争优势。

四、价值观封装：这种用户细分方式很独特

很多人在分析 Babycare 的时候，都喜欢谈到它的成功是因为具有高颜值的产品线，这是一个连普通消费者都能想到的视角，何必要分析师专门来分析呢？其实，Babycare 高颜值的背后，涉及的是用户细分方式的大课题。

一般而言，你最熟悉的用户细分可能是这样的：按年龄分，分为老的、中的、少的；按收入分，分为富的、中产、穷的；按职业分，分为 IT 人士、金融人士、营销人士等；按地域分，分为北方人、南方人等。

但是，你应该会发现，在你公司的同事中，上述几种分法已经把你们最终"撮合"到一起了，但你们之间的消费偏好却还是存在很大的不同，这是为什么呢？因为在中国民众从"格式化人"走向"自由人"的过程中，分析师们还不习惯，或者说不会用"价值观"来进行用户细分。而对颜值的追求，正是价值观细分中的一种：你可以认为我很做作，但是我就是讨厌俗气的东西。其实根据价值观对用户细分，在中国古已有之。比如，焚琴煮鹤，对一个粗野乡人来说，不但有食材，连柴火也自带了，多好啊！但对同样生活在乡村的陶渊明来说，这简直就是暴殄天物嘛！

针对母婴用品这样的大市场而言，也许是无意，也许是有意，总之 Babycare 表现得非常"克制"，从来没有想通吃的意思。而是从消费者价值观细分出发，仅仅圈定了对颜值要求高的这部分人群，凭借着"盛世美颜，匠心造物"的产品理念，树立了颇为牢固的品牌形象。其用户细分的逻辑是：母婴市场——渠道品牌(一站式)——高颜值母婴渠道品牌。显然，这样的细分非常利于各种"封装"，使 Babycare 虽然是一个"大而全"的渠道品牌，却获得了专家品牌那样的"单点突破"效果。

五、原型封装：Babycare 应该开始的行动

由于母婴产品这个品类的独特性，以及在文案方面的优秀表现，使 Babycare 的品牌形象已经非常接近原型品牌的人格化风格。比如，"原来，轻纱拂面也可以形容尿不湿""安全防撞条，用柔软包容你的冒失"，已经把品牌 12 原型中的照顾者原型非常典型的一面突出出来了。

第二部分 品牌密码：他山之石 不会就学

不过，当你深究照顾者原型的基本特征后，你就会发现 Babycare 在这个原型方面表现出来的特点是被动的、暗合的。显然，如果它在品牌形象塑造上能主动地、有意识地用好照顾者原型，那么它就获得了母婴用品这个"品类原型"的最佳卡位，无疑将会获得丰厚的回报。

这个原理，有点类似定位的最高境界是代表某个品类，所以你才会看到深谙定位打法的雕爷将他家的阿芙精油的广告语确定为"阿芙，就是精油"。如果某个品牌能在自己所在的品类率先抢占"品类原型"，那它将获得和定位打法中代表品类一样的丰厚回报。从这个角度说，照顾者这个原型非常值得 Babycare 去深挖和抢占。

第十二章
新式茶饮：奶，以及茶，都不是重点

* * * * * *

- 破译案例：喜茶、奈雪的茶、古茗、茶颜悦色
- 新国货排行：分别为第 11、17、18、73 名
- 2020 年销售额：分别为 49 亿元、30 亿元、30 亿元、6 亿元
- 同比增长：喜茶 40%；奈雪的茶 22.4%；无古茗数据；茶颜悦色 200%
- 成功密码：新式茶饮将品类分化打法"不要更好，而要不同"的精髓演绎到了极致。喜茶，叛逆年轻人的第三空间；奈雪的茶，年轻女性的第三空间；古茗，小镇青年的第三空间；茶颜悦色，长沙青年的第三空间

2021 年 3 月，正值云南春茶采摘的季节，笔者在位于西双版纳原始森林的茶山待了一段时间，最大的收获就是把各种茶的制作工艺搞了个门儿清。回广州后，虽然能在朋友们面前显摆冰岛、曼松、困鹿山、班章这些云南名茶产地的基本情况了，但这对我们分析喜茶、奈雪的茶、古茗和茶颜悦色这 4 个同时名列海豚社"新国货 100 强品牌排行榜"的新式茶饮品牌几乎没有帮助。因为它们虽然号称奶茶，但其成功却既不靠奶，也不靠茶。

一、当你选择一家奶茶店，你首先在选什么

从消费者行为学的角度看，当你在选一家奶茶店时，你首先选的不是品牌，

第二部分　品牌密码：他山之石　不会就学

而是品类。当消费者有某种需求时，总是先从大的品类开始，依次进入小的品类，最后才会选品牌。当你口渴时，你首先想的是应该"喝点"什么解渴，比如矿泉水；还是"吃点"什么解渴，比如水果。当然了，一般而言，选择喝点什么来解渴的概率比吃点什么的概率会高很多。

当你决定选择喝点什么这个大品类时，才会在可乐、水饮料、茶饮料、功能饮料、果汁、牛奶、凉茶或者啤酒等等一大堆次级品类中选择。此时的竞争，是品类与品类的竞争，这取决于"品类代表"在塑造品类特性时的能力。用号称"现代品牌营销之父"的戴维·阿克的话来说，此时的品类代表必须挖掘出品类的相关性——比如这个品类应有的颜色、形状、味道、功能等，才会让消费者认同这个品类的价值。

在选定品类后，就进入品牌的竞争了。此时，哪个品牌能被消费者首先想起，它被销售出去的概率就会大增。当然，这是站在"拉力系统"的角度而言的，它解决的是消费者的"心动"问题；如果负责推力系统的渠道不给力，虽然消费者想喝，却买不到，那就会造成品牌传播资源的浪费。

一般而言，在品牌的动力系统中，优秀的品牌总是"推拉并重"，同时把拉力系统和推力系统都建设得很好。比如，传统品牌可口可乐、百事可乐、农夫山泉，以及新国货品牌元气森林、薇诺娜、完美日记等，都是这方面的典范。

从上面对消费者的行为分析可以看出，虽然品牌建设非常重要，但比它更重要的是品类战略。对竞争品牌而言，成功的品类战略总是能起到"截胡"的效果，不等消费者在品牌层面上想起竞品，就已经在品类层面"俘虏"他们了。因为品类处在战略级别，而非品牌级别，这就是我们一直强调品类战略的作用在于减少竞争阻力的原因。

而这一章我们要分析的喜茶、奈雪的茶、古茗和茶颜悦色这4个新式茶饮品牌，从品类角度看，绝非我们熟悉的茶或者奶。要明白这点，有必要把前面分析Babycare时提到的克莱顿·克里斯坦森教授的理论再论证运用一下。

二、消费者选奶茶，是想完成什么任务

克莱顿·克里斯坦森教授凭着"创新三部曲"红遍全球，他创建的"颠覆性创新"几乎成了近几年投资人、策划人、企业高管们的口头禅，但他有一本叫《与

第十二章 新式茶饮：奶，以及茶，都不是重点

运气竞争》的书却被很多人低估了。在这本书中，克里斯坦森认为每个产品都应该致力于去帮助消费者完成一个"任务"。或者换个角度看，消费者选择某个产品，是因为他们想"雇用"这个产品去完成某项任务。

关于克里斯坦森的这个"任务论"，你最熟悉的肯定是消费者"买的不是钻头，而是墙上的一个洞"这句话了，不过大名鼎鼎的克里斯坦森为此专门出本书，可见其创建的"任务论"肯定会比"墙上一个洞"的内涵丰富很多。比如，此书的开篇案例就是他为一家奶昔店所做的战略调整——这可是一个听起来和奶茶店高度相似的产品，所以对我们分析奶茶店具有很好的借鉴意义。

针对同一个奶昔店，在经过细致的消费者访谈和分析后，克里斯坦森发现：早上的消费者和下午的消费者竟然有着不同的"任务"。

早上的时候，光临这个奶昔店的多数是开车的上班族，此时他们有着沉闷的旅途和辘辘的饥肠，克里斯坦森建议这个店推出包装大、吸管细、汁液较为浓稠的奶昔。因为在一段无聊的开车旅途中，配了细吸管的奶昔需要更多时间才能喝完；并且，浓稠的奶昔不容易溅到车上，"你可以往奶昔里面加水果块，但不必考虑把奶昔做得更健康，因为这不是奶昔在早上被雇用的原因"。看看，如果你是这家奶昔店的老板，如果你不懂任务论，也许你还在花费成本盯着"健康饮品"打转呢。

而这个奶昔店下午的消费者通常是接孩子放学的家长。此时奶昔虽然还是上午的奶昔，但情况却大不相同了。"安抚想吃零食的孩子可能大哭大闹的情绪，并体现自己是个注重孩子健康的好爸爸"这项任务与清晨"想度过一段无聊的旅程"这个任务相比，差异真的很大。

因此，或许下午的奶昔应该将分量减半，一来可以更快吃完，二来不至于让父亲们太过自责——家长不希望孩子吃过多甜品。显然，如果这家奶昔店只是关注如何从总体上将这款产品做得"更好"，比如更稠、更甜、更大……那就是典型的吃力不讨好。

那么，喜茶等新式茶饮的消费者，是想"雇用"它们完成什么任务呢？显然，解渴并不是这些需要坐下来消费的实体店最擅长的。消费者雇用它们的原因，在于它们能为消费者提供所谓的第三空间。第三空间这个品类的开创者——星巴克认为：在人们的社交活动中，家庭是第一空间，工作单位是第二空间。但是，消费者还需要一个在家庭和工作之外的交际空间。消费者要完成这个交际任务，在

第二部分 品牌密码：他山之石 不会就学

家里和工作单位都不方便，去餐厅、KTV等场所呢？要么成本高，要么环境不好。而星巴克所提供的第三空间，则能非常好地帮助消费者完成他们所需要的交际任务。

到了中国，星巴克内总是有一些带着手提电脑或者iPad、独自喝咖啡的人，他们好像并无交际需求。这些人可能是氛围组——这可是星巴克自己说的，也可能是喜欢炫耀性消费的人。这已经与星巴克原初确定的STP(细分、目标、定位)有异化，这和耐克、阿迪达斯、百事可乐等在美国已经成功的品牌来到中国后发生的异化非常相似。

回到新式茶饮上来，它们被消费者"雇用"的原因，也完全是因为当代的中国年轻人也有在第三空间社交的需求。不同之处仅仅在于：星巴克吸引的是相对成熟的商务人士，而喜茶等新式茶饮吸引的则是刻意要与上一辈"唱反调"的年轻人。不过，需要说明的是：在喜茶们大力度的推广过程中，将其当作社交货币也是年轻的消费者需要完成的任务。但是，这一定不是他们的长期的任务，因为当产品已经为大家所熟知后，也就失去其社交货币的价值了。

三、用原型派武功瓜分星巴克的蛋糕

星巴克定位于第三空间，喜茶、奈雪的茶、古茗和茶颜悦色们实际也是第三空间。就像我们在分析小鹏汽车时说的那样，现在的年轻人已经不想和父辈们一起玩了。老一辈们不是喜欢玩星巴克吗？好，那我们玩新式茶饮。这里有个共同点，那就是新一代也好，老一辈也好，第三空间这个需求都是现实存在的。而喜茶们从星巴克那里切下的这块蛋糕，它的名字叫"年轻"。

老一辈们不是喜欢咖啡吗？好，在第三空间这个基础需求现实存在的情况下，茶、低度酒甚至只是水(当然这个智商税不好收)，都有可能是喜茶们从星巴克那里切蛋糕的工具。当然了，从选品的角度看，茶绝对是咖啡的最佳替代品，其中涉及中国传统文化的加持。

在"第三空间+茶"这个战略主线确定后，喜茶、奈雪的茶、古茗和茶颜悦色们又进行了一系列的"战略配称"。比如，在装修上，它们匹配了年轻人简洁、时尚的元素，并不主打星巴克那种"做旧文化"；甚至在标识设计上，喜茶都有明显的二次元风格，显出一点坏坏的叛逆风格，以示和星巴克的分庭抗礼。

第十二章　新式茶饮：奶，以及茶，都不是重点

在马克和皮尔森提炼的品牌12原型中，你能轻易找到叛逆者这个暗合了喜茶品牌人格的原型。当然，说暗合可能是对喜茶营销人员的不敬，这么牛的营销能力，里面藏有原型派大师很正常啊。不过，在喜茶以叛逆者原型成功切割市场后，新式茶饮已经代表了一种年轻人与父辈分庭抗礼的文化。因此，奈雪的茶、古茗和茶颜悦色与喜茶在品牌塑造上稍有不同。

比如，喜茶的二次元的叛逆风很明显，但茶颜悦色却采用了具有浓郁中国传统风格的仕女原型。站在品牌动力学的角度看，一个流行现象在市场上并不是遵循线性行进的。在诸多变量的刺激下，它们往往会显出"无序演进"的特点。

四、不要更好，而要不同

当喜茶利用年轻人不想和父辈们"一起玩"的叛逆心理，从星巴克那里硬生生切下了一大块蛋糕后，在示范效应的带动下，无数的茶饮店如雨后春笋，挤爆了这个新兴的赛道。不管奈雪的茶、古茗和茶颜悦色是擅长市场细分，还是暗合品类战略，总之，它们都非常成功地运用了定位四大打法中最具威力的"品类分化"打法。

（一）奈雪的茶和古茗，以消费者细分演绎第三空间

在四大新式茶饮品牌中，喜茶率先对星巴克发难，通过叛逆者原型构筑起了自己的根据地，它的打法本身已经是对星巴克的品类分化。因此，下面我们主要来看看奈雪的茶、古茗和茶颜悦色是如何"以其人之道，还治其人之身"，同样用品类分化打法从喜茶的领地上切蛋糕的。

先来看看奈雪的茶，它公开号称自己是"女性第三空间"。看到没？在喜茶以"年轻"从星巴克那里切下一块蛋糕后，奈雪的茶并不直接硬杠，避开了与喜茶这个强势品牌的正面竞争，而在女性第三空间这个细分市场上建立了自己的根据地。

再来看看古茗，你应该很少在北上广深等一线城市发现它的身影。联系到奈雪的茶定位于"女性第三空间"，你肯定可以顺理成章地想到，古茗的策略是搞"小镇青年的第三空间"。当然了，这里的"小镇"是一个定位标签，是区别于北上广深的泛指。这里仅仅是想说明古茗的市场并不针对一线城市的事实，但人

家在二线、三线城市是可以照样发展的，而不是真的只搞小镇。其实，只要能与喜茶这个强势品牌形成区隔，就是正确的品类策略。

可以说，奈雪的茶和古茗都深谙品类分化打法中"不要更好，而要不同"的精髓。一个从性别维度细分，一个从地理维度细分，在战略正确的前提下，都较为轻松地建立了自己的根据地。还记得吗？品牌大师阿克说过，品类和品牌是企业赢得竞争的两大途径。用品牌动力学的观点看，品类打法的作用就是降低竞争阻力。不过，这里需要说明的是，在没有星巴克的区域，特别是古茗所在的市场，就没有所谓的细分不细分，而是在"消费者的社交任务"这个需求现实存在的基础上新开创一个品类。

在打法正确的前提下，其他问题都会被"一美遮百丑"的效应所掩盖。单纯从品牌建设和产品开发的角度看，奈雪的茶和古茗甚至还违反了定位的基本规律，在这方面的得分也许还不及格。比如，奈雪的茶现在几乎是全产品线都在搞，这与星巴克为了纯化店内的咖啡气味而坚持不卖熟食比起来，其品牌意识有着天壤之别。但是，这也没有太影响它们的成功，毕竟大方向走对了嘛。

当然了，在构建了正确的品类战略之后，用竞争战略之父迈克尔·波特的观点，就需要围绕这个战略建立一系列的配称，诸如产品研发、品牌建设、营销策划、广告宣传等等。这些配称当然也很重要，但绝对不是奈雪的茶和古茗成功的根本原因。但是，随着跟风者越来越多，如果消费者选择第三空间这个品类后，发现能帮助他们完成社交任务的选项有很多。此时，奈雪的茶如果还继续当前这种粗放的品牌管理和产品研发模式，那就一定会吃苦头。从这个角度看，中国的奶茶品牌们都还在吃第三空间这个品类的红利呢。

（二）茶颜悦色，地域分化的典范

都是对第三空间的分化，和喜茶、奈雪的茶及古茗都不同，茶颜悦色以长沙为根据地，利用地域分化的打法偏安一隅，日子过得也很滋润。搭上了新式茶饮爆发的便车，茶颜悦色虽然于2013年成立，但是它的走红却是在喜茶之后，这符合时尚潮流的运动方向是从一线城市向二、三线城市逐级往下的规律。

不过，真正让茶颜悦色快速爆红的，是长沙青年的本地情结。近年来，随着电视这样的传统媒体急速衰落，湖南卫视这个中国原来的时尚风向标也未能幸免，这让以时尚先锋自居的长沙青年们急需找到新的精神寄托。正在这时，象征年轻

第十二章 新式茶饮：奶，以及茶，都不是重点

人与老一代"决裂"的新时尚风向标——喜茶火了。

作为有着"大长沙"情结的长沙青年，怎么可能容忍长沙没有时尚标志呢？当他们的眼光向本地搜索的时候，茶颜悦色进入了他们的视线。这一天，茶颜悦色的老板吕良已经苦苦等了5年。因为这个契机，茶颜悦色这个象征长沙时尚的本地品牌理所当然地被长沙青年们捧红。

虽然新式茶饮是由喜茶开创的，奈雪的茶的年轻女性第三空间和古茗的小镇青年第三空间的品类分化似乎都比茶颜悦色的地域第三空间高级。但是，在品牌塑造上，这个偏安一隅的地域品牌却显示出了比喜茶们更高的水平。

我们在分析喜茶的品牌形象时曾说，它可能"暗合"了叛逆者原型。如果以这个标准来看，茶颜悦色似乎在主动运用原型派的打法：利用长沙人民高昂的爱国热情，它成功地塑造了具有浓浓中国味的仕女原型。作为中国人，相信大家对仕女这个原型都不陌生，她代表的是我国古代那些美丽聪慧的女子，这是历代画家们热衷描绘的对象，中国画中还有专门的仕女画类别。在古代，她们不就是真正的时尚一族吗？

细看茶颜悦色对仕女这个原型的塑造，从标识直接用仕女头像，到店面装修采用纯中国古风，再到"幽兰拿铁""人间烟火""蔓越阑珊""茉黛玉""浮云沉香""声声乌龙""凤栖绿桂"等充满文人诗韵的茶品名称……仕女这一传统的时尚意象与长沙独有的现代时尚文化相碰撞，在中国传统文化正在觉醒的大背景下，被茶颜悦色在长沙的时尚青年们心中激活了。任何原型都需要相应的文化密码去激活，而茶颜悦色显然是此道高手。

至于有人分析说茶颜悦色的成功是因为走了平价路线，那是因为他们不会正确归因的缘故。从价格绝对值来说，茶颜悦色的价格的确比喜茶低了一个档次；但是从城市收入和消费能力这个相对值来说，它的价格相对长沙的消费者而言并不比广州的年轻人喝一杯喜茶便宜。

自此，我们就把品类、任务、原型在新式茶饮市场的作用逐一分析完了。如果你不明白这个原理，看见喜茶们的奶茶店做得风生水起，也想跟风开个小店、发把小财，却不知那种店面狭小、不能堂食的奶茶店与喜茶、茶颜悦色们那种第三空间在完成"消费者任务"上是完全不同的。如果你眼红的是喜茶那种第三空间，却开了个没有社交功能的奶茶店。那么，你要么必须在"消费者任务"的设计上另辟蹊径，要么你就可能不明不白地死在"形似而神不似"的模仿途中。

第十三章
植护：另类的降维

* * * * *

- ➢ 破译案例：植护
- ➢ 新国货排行：第 19 名
- ➢ 2020 年销售额：30 亿元
- ➢ 同比增长：50%
- ➢ 成功密码：深谙"取法其上，得乎其中"的精髓，以母婴这个高安全品类的品牌形象，降维征服了纸品这个低安全品类的市场

降维打击，是近几年被用烂的一个词。在各行各业，各种降维的意思大多是针对能力这个维度而言的。但是，我们今天的主角却以降维的理念在品牌战略的各个层面纵横捭阖，硬是在纸品这个红海市场中闯出了一片天地。它就是植护，一个把"另类降维"玩到了极致的新国货品牌。

一、跨界的降维

从定位派观点来看，云南白药推出了牙膏品牌，这是典型的品牌延伸，违反了定位派"五大心智定律"，按理说云南白药牙膏应该会失败才对。但事实恰恰相反，云南白药牙膏不但成功了，而且非常成功。

明明违反了定位规律，为什么云南白药牙膏却可以成功呢？这是因为同样是

第十三章 植护：另类的降维

心智，云南白药的"药"，比牙膏的"膏"要高级一些。从消费者心智的角度看，他们会觉得云南白药牙膏的"药"，对他们的牙齿保护升级了。

扯了半天云南白药，这和植护有什么关系呢？当然有，如果你去看植护所有的品类主张，就会发现它总是在强调自己是一家"母婴护理品牌"；但是，如果你去研究它的爆品，却发现清一色的几乎都是纸巾。发现玄机了吗？和云南白药的"药"相对"牙膏"是降维打击类似，植护也是在用"母婴护理"这个高维打击"纸品"这个低维。

从消费者的角度看，买一盒婴幼儿护理公司出品的纸巾给成人用，肯定是"保护升级"啊。实际上，在日常生活中就有很多家长喜欢用小孩的护理产品，因为他们总觉得给婴幼儿用的产品安全性比成人的高很多。当然了，在纸巾这个低利润产品成为爆品后，从互联网"流量、转化、复购、口碑"的角度，顺理成章地卖"纯正"的婴幼儿护理这些高利润产品，应该是植护一直在坚持的高增长逻辑。

二、市场的降维

"植护入局纸品市场的时候，四大品牌已经在国内深耕二十年，牢牢控制线下渠道。但即便如此，四大品牌的市场占有率从未超过50%。换句话说，一半以上的中国人，还在用着杂牌甚至无牌的纸巾。"

上面这段话是植护负责人接受媒体采访时的原话，你从中可以看出什么吗？很简单，在植护所定位的价格范围内，以前都是杂牌或者无牌纸巾的天下。这个占据了中国纸巾总体市场50%的空白地带，是维达、洁柔、清风这些高端品牌根本不想染指的市场。

既然是杂牌和无牌的天下，那么这个市场也一定就是碎片化的市场。而在碎片化的市场最适合的打法就是以"品牌"这个高维对其实施降维打击。利用淘宝、拼多多这样的电商渠道成本比线下渠道低的优势，植护以"高性价比+品牌"这个"矛盾组合体"，轻松收割了那些杂牌军和无牌军的市场。

比如，在笔者接触的拼多多消费者中，很多都是从纸巾开始喜欢拼多多的。因为，以植护为主力的拼多多纸品品牌们，价格真的比消费者们熟悉的维达、洁柔、清风那些品牌低很多，却又有较强的品牌效应。这对那些"没有一分钱买不走的忠诚"的消费者来说，诱惑力可想而知。

第二部分　品牌密码：他山之石　不会就学

为什么说植护的打法是一个矛盾组合体呢？因为既想搞品牌，又想卖低价，这天然就是一对矛盾。虽然销量大了自然会出现规模效应，但这和低价之间是循环论证关系。也就是说，先卖低价，还是先做规模，一直存在着"先有鸡，还有先有蛋"的悖论。

那么，植护是如何解决这个矛盾的呢？这就要感谢婴幼儿护理产品相对纸巾品类的降维打击，因为一块钱一包的纸巾既要卖得好，还要让消费者觉得放心，总得有个说得过去的理由嘛。这就是定位打法经常用到的"逻辑信任状"，我们将在后面的花西子和薇诺娜的案例中详细介绍。

三、概念的降维

如果你熟悉商标法，就会知道商标局对品类商标是不允许注册的。比如，你肯定不能去注册一个叫"电脑"的品牌，因为电脑是品类，是"公有品"，私有企业不能注册。同样受到保护的还有制造工艺、材料等等。

但是，如果你第一次听到"植护"这个品牌名称，你会联想到什么？总之，我们没有联想到"植物护理"这个概念，但植护的意思真的就是这个，它的品牌释义就是"植物护养，天生滋润"。这可是一个"欺"商标局想象力不够丰富，占了品类"便宜"的品牌名称。你到网上搜一下，有很多品牌都把自己的制造理念简称为"植护"。

我的天！这得有多少人在免费帮植护做品牌传播？当然了，也有可能是其他品牌想蹭植护的热度，毕竟它已经是新国货百强品牌了嘛。但是不管什么原因，从品牌塑造的角度，植护相当于独占了植物护理这个品类。显然，对其他竞品而言，这是天然的降维打击。

不过，从长远发展来看，独占品类总是喜忧参半的。如果整个植物护理的品类规模一直不大，植护的品牌就能在拥有相对优势的状态下保持一枝独秀；但是，如果植物护理是个超级有前景的概念，进入的竞品过多，制造工艺就会成为真正的"公有品"。这时候，如果你提到植护，就会有人问："你说的是哪个牌子的植护？"那就进入得不偿失的阶段了。

第十四章
WIS：过度营销的痛，可以用"品牌人格"来治

* * * * * *

- 破译案例：WIS
- 新国货排行：第 20 名
- 2020 年销售额：30 亿元
- 同比增长：15.4%
- 成功密码：本案例侧重提供解决方案，试图通过原型派武功来塑造具有统合性的品牌人格，去解决 WIS 因过度营销而导致的品牌人格混乱问题

当你在网上冲浪的时候，会不会经常有一个叫"WIS"的美妆广告"骚扰"你？在大数据驱动的千人千面商品陈列模式下，作为一个对美妆产品没有兴趣的男人，笔者倒是没有遇到过。但是在微博、小红书、知乎等社交平台上却有一大群对 WIS 过多的广告投放受不了的人，用他们的话说，这是"过度营销"。

作为品牌商，WIS 应该是非常委屈的。什么叫过度营销？难道我的钱多得没地方花了吗？在业绩目标的驱动下，只有预算不足的营销，哪有什么过度营销！哦，难道是消费者错了吗？显然，也不应该是。那么，WIS 的问题出在哪儿了呢？

一、广告代言人凌乱

其实，早期的 WIS 广告不但不招人厌，消费者反倒还有几分喜欢呢。某

第二部分　品牌密码：他山之石　不会就学

位明星刚说完"我想我知道那谁谁谁……我想我也知道小伙伴最近都有谁在用WIS"，隔十几天，另一位明星又来一句："鼻子最近干净好多，黑头没了，WIS黑头套装很赞呐！"不过，那是遥远的2013年，互联网营销还处在相对纯真的年代，无聊的消费者有时甚至还希望有明星代言的广告来"骚扰"一下呢。

转眼到了2018年，也许是出于业绩压力吧，WIS开始了"明星墙"这种暴力式的广告推广，只要你打开稍微大点的平台(当然，它的主要宣传阵地是微博)，就会时不时跳出一大堆知名或不知名的明星不厌其烦地告诉你："我是WIS的代言人，我在为某某产品代言。"

面对密集的广告轰炸，消费者怒了，纷纷用脚投票，WIS官微的粉丝数量不断流失。以2018年为例，在强大的广告攻势下，WIS的粉丝数在300万的基础上不但没有增长，反倒还流失了好几万。

此时，正好抖音开始发力了，WIS及时看到了这个机会，开始转战抖音。当然，它同时也没忘记微信公众号这个私域阵地。然而遗憾的是，WIS在抖音和公众号并没有吸取微博的教训，走的仍然是暴力推广的明星墙套路，明星加上大号全线出击，大有一战定江山的架势。

二、品牌原型与明星原型冲突

消费者对WIS过度营销的抵触，因高频广告造成的骚扰固然是一个方面，但还有一个它现在也未必能认识到的方面则在于：它使用的代言人"人格原型"迥异，导致"品牌原型"混乱甚至冲突，使受众对WIS的认知失调，久而久之就会心生厌恶。

在WIS选用的众多代言人中有阿尼玛、女汉子、御姐、辣妹、纯真者……一大堆形象气质和品牌人格不符甚至冲突的原型，导致消费者对WIS的品牌人格认知混乱。在高频广告的轰炸下，收获类似"七伤拳"那样的投放效果是必然的结局啊。

三、如何用原型治过度营销之痛

正如本章标题中所说那样，"过度营销的痛，可以用'品牌人格'来治"，这是为什么呢？因为品牌人格的内在，就是我们每个人内心都深埋的原型。用原型来塑造的品牌，天然就具备鲜明的品牌人格。由原型产生的人格力量，对内，可以统一价值观；对外，则可以强化辨识度，易于塑造独特而蕴藏有原型爆发力的品牌形象。

在对内的层面，当确定以某个原型作为人格形象后，企业的产品研发、品牌塑造、广告宣传和销售工作都可以围绕这个原型来建设。我们还是用一个你熟悉的品牌来阐述一下这个原理。比如沃尔沃，大家都知道它的定位是"安全"，而它的档次是豪车。因此，从对内强化价值观的角度，公司上下非常容易形成统一认识，员工会以"保护高净值人群的生命"为使命，正如它的高管强调的那样：安全其实并不是沃尔沃的卖点，而是沃尔沃存在的意义。

而沃尔沃所强调的安全，其实就是一个照顾者的原型。当然了，任何原型都有多个价值层次。用时代和市场的文化密码准确激活原型是一个复杂而且高难度的过程。

说完品牌人格对内的影响，再来看看对外的层面。随着"央视＋超市"型的大媒体、大渠道时代一去不复返，媒体和渠道的碎片化成为现在和未来不可逆转的趋势，被很多营销人快要忘却的"整合营销传播（IMC）"时代才真正地到来了。或者说，在渠道和媒体都高度碎片化的时代，才是唐·舒尔茨的整合营销理论能真正派上用场的时代。

在理解整合营销这个理念时，品牌营销人往往不求甚解，喜欢望文生义地将其单纯理解为"一个声音说话"，这实际上仅仅是IMC的一个方面。而舒尔茨更强调的一个方面是：根据时间、地点、场景等用户接触点的不同，需要完成不同的"消费者教育任务"。而要完成不同的教育任务，就需要运用不同的方式去"说话"。

看出来了吗？虽然是同一个声音说话，但是舒尔茨强调的是根据情况的不同，要运用不同的方法。声音还是一个声音，意图还是一个意图，但是要因地制宜、因人制宜、因时制宜。想想散文的特征，能帮助你很好地理解舒尔茨的意思，那就是要"形散而神不散"。

形散，是指渠道的不同、媒体的不同、用户接触点的不同，以及消费者教育任务的不同，可以用不同的表现方式来传播品牌信息；而神不散，则要求在传播这些信息时内在必须统一。而这正是原型最擅长的地方。比如，原型品牌的经典案例百事可乐，为了表现"年轻一代的选择"这个定位，采用了"搞笑鬼"原型

第二部分　品牌密码：他山之石　不会就学

来塑造品牌形象，无论广告表现如何变化和迭代，搞笑鬼这个原型都能始终如一地统合其品牌气质。

回到 WIS，它这样的美妆品类，既可以采用纯真者原型，也可以用魔法师原型。当然，如果其团队本身幽默风趣，用搞笑鬼原型来塑造品牌形象也是不错的选择。对了，搞笑鬼原型就是杜蕾斯用的那个原型。

从原型的应用场景角度看，当竞争越来越趋同，在产品本身很难成为卖点的情况下，用原型来作为卖点就是非常好的选择。当然，我们并不认为 WIS 的品牌没有卖点，但如果以卖点作为定位，用原型围绕这个定位来塑造品牌人格，实际上就采用了笔者独创的双剑合璧打法，从而让自己的品牌具有超级的势能。

采用双剑合璧打造出来的品牌天然具备定位+原型的威力，天然就是一个品牌人格鲜明的品牌。当品牌人格明确后，选择的代言人也会水到渠成地具有内在气质的统一性。这样的品牌不但不用担心过度营销的问题，还会在品牌的影响力上，迈上一个新台阶。

第十五章
花西子是如何玩转双剑合璧的

✶ ✶ ✶ ✶ ✶ ✶

- 破译案例：花西子
- 新国货排行：第 22 名
- 2020 年销售额：27.5 亿元
- 同比增长：143%
- 成功密码：采用定位＋原力的双剑合璧打法，以花这个植物原型，塑造和强化了"花"（以花养妆）的定位

花和草本有区别吗？如果没有，那如何证明花比草更好呢？这是花西子在采用"以花养妆"这个定位时遭遇的难题。在解决"花比草好"没有逻辑信任状支持这个难题时，花西子自然而然地运用了定位＋原力的双剑合璧的打法。在美妆这条竞争激烈的赛道上，不但迅速爆红，获得了超常的发展，还使它相对于那些只会使用"蛮力"的品牌，获得了更高的品牌溢价。

一、花西子的品类打法

在"原力：就是品牌原动力"那章，我们已经介绍过百事可乐的双剑合璧打法。通过那个案例你已经知道，百事可乐的超级成就得益于一边定位于"新一代的选择"，一边却又用搞笑鬼这个原型去表现和强化这个定位。而花西子也采用

第二部分　品牌密码：他山之石　不会就学

了同样的方法。只不过，在定位上，百事可乐的打法是"为竞争对手重新定位"，而花西子则采用了经典的"品类分化"打法；而在原型上，百事可乐采用的是品牌12原型中的搞笑鬼原型，而花西子采用的却是一个非常奇特的原型——植物原型，或者说符号原型。

现在，我们先来看看花西子是如何实践"品类分化"这个定位派新兴的打法的。经过前面对其他新国货品牌的分析，你应该已经掌握了"不要更好，而要不同"这个品类分化的打法秘诀。那么，花西子所在美妆市场，它的"更好"是什么，"不同"又是什么呢？

要全面分析花西子所在美妆市场的"更好"，会涉及全部竞品的定位和战略问题，涉及范围太广，放在一个单品的分析框架内有点消化不了。因此，我们就从花西子的实际定位来反推吧，看看它本应该强调的"更好"是什么。

你看，花西子一直在说"以花养妆"，而花的本质，不就是植物、草本的概念吗？就像我们在前面分析过的"植护"一样，其实花西子强调的"以花养妆"也是草本、植物的萃取工艺。这从花西子对以花养妆这个定位的释义也可以看出来："以花养妆，取花卉养颜精华。花西子自创立以来，坚持在每一款产品中添加精选的花卉本草精华，实现温和养肤。"

显然，如果花西子不懂定位，或者不懂"不要更好，而要不同"这个品类分化打法精髓，那么它走的路线更有可能是：强调自己是草本植物养护里面最好的。在核心卖点的诉求上，可以走材料、萃取工艺、质量等等"更好"的诉求方向。实际上，在花这个中心点上，花西子的解释方向正是如此。比如，它的眉笔，就号称是由"忍冬花加何首乌精华制作而成"。如果没有花这个"不同"，那么它必然会陷入"更好的草本"这个竞争激烈的赛道中。从品牌动力学的角度看，这样的品类定位就不是在降低竞争阻力，而是反过来了。

幸运的是，花西子深谙品类分化"不要更好，而要不同"的打法，将本是同一回事的草本植物，替换成了花的概念。在品牌动力学中，我们曾说品类分化有"一虚一实"两种打法："实"的打法一般会涉及战略层面的大变动；而"虚"的打法则仅仅作用于消费者心智层面，很多时候只需要"换个说法"就可以。

比如，理想电动车相对于长城燃油车，就属于产品层面的创新；而宝马的"超级驾驶机器"针对奔驰的"成功商务人士用车"，并没有在产品层面有分化，而只是一个虚的品类分化。虚的品类分化仅仅发生在消费者的心智层面，属于标准的定位打法。

而花西子采用的，正是虚的品类分化，它需要逻辑信任状去支撑。什么是逻辑信任状呢？简单来说，就是从"道理"上要说得过去。比如，云南白药创可贴的"有药好得更快些"就是一个逻辑信任状，实际情况如何并不需要额外证明，因为它符合人们的一贯认知。再比如，飞鹤奶粉的"专为中国人定制，更符合中国人体质"也是一个逻辑信任状，让消费者感觉很可信。

那么，花西子的"花比草更好"这个定位，它的逻辑信任状是什么呢？从花比草更好这个定位来阐述逻辑信任状，也就是要从原理上，要让消费者相信用花生产的产品，比用草或者植物生产的产品更好，这似乎是一个不可能完成的任务。因为，人们惯常都喜欢说"花花草草"，在我们的认知中，花草本来就是一回事。更何况，《本草纲目》这个超级信任状好像更偏向草一些。

显然，让传统定位派来找到"花比草更好"的逻辑信任状是不可能的。这个艰巨的任务，只能让原型派来完成。

二、植物原型是啥样

通过对本书原型理论的学习你已经大致知道，原型是在几百万年的发展进程中人类社会自然在每个人内心深处的"预设开关"，只要运用适当的文化密码，就可以激活这一强大力量。而花西子采用的文化密码，正是我们最熟悉的花。当确定好"以花养妆"这个定位后，用花这个"植物原型"来表达这个定位，很容易顺理成章地实现。

在这方面，花西子表现了高超的定位＋原力双剑合璧实战能力。虽然我们已经在"原力：就是品牌原动力"那章中简单介绍过原型的原理，但植物原型或者说符号原型是品牌原型里面的独特类别。

原型是荣格心理学和美学的中心议题，他几乎把整个后半生都投入到有关原型的研究中。在他所识别和描述过的众多原型中，包括出生原型、再生原型、死亡原型、智慧原型、英雄原型、大地母亲原型。除此之外，荣格还发现许多自然物原型，比如树林原型、太阳原型、月亮原型、动物原型、植物原型等。

而花西子的花，正是标准的植物原型，当然，实际上它也是一种符号原型。在荣格识别的植物原型中，和花西子的花属于同一类别的"曼陀罗"原型对荣格影响至深。虽然曼陀罗在佛教和西方文化的解读中已经不是原初的植物概念，但我们要明白它首先来自花。与此类似的还有最近在中国大火的三星堆考古里面的神树原型，最早就来自孕育了丝绸文明的桑树。

在人类文明几百万年的演进过程中，动物、植物、自然在人的认知中总是一步一步被符号化，这些自然物原型是品牌理论流派中"符号派"的理论基础。比如，华杉的代表作《超级符号就是超级创意》，就是以符号原型作为底层逻辑的。

从社会文化的角度看，植物的一些特点在集体无意识的影响下，会慢慢进入我们的内心世界，成为我们情感的一部分。这些原型一旦被外在的文化唤醒，就会爆发巨大的原力。比如，同样是植物，我们通常认为草具有顽强的生命力，"野火烧不尽，春风吹又生"就是这种意象的外化；而树，则往往给我们丰裕、富足和保护的印象；花则被我们赋予了美的象征意义，这种情况多到无须举例的地步。

荣格认为，伟大艺术的奥秘在于从无意识中复活原始意象，从而使我们有可能寻到一条返回生命最深源泉的途径。显然，通过对原始意象的追寻，可以为现代人找到一条返回人类生命本源的途径。从品牌建设的角度来说，谁能以文化密码激活这些原型，谁就能获得超常的成功。耐克、万宝路、百事可乐等洋品牌如此，飞鹤、脑白金等老国货品牌如此，花西子、内外、江小白等新国货品牌也是如此。

三、双剑合璧的绝顶功夫，花西子这样玩

通过上面对植物原型的简单介绍，相信你已经能大致明白花西子的品牌原型了，那就是花本身。这既是一个强大的植物原型，也是一个与美妆这个品类吻合度非常高的品类原型。"云想衣裳花想容""人面桃花相映红""春心莫共花争发"……关于花的诗词，在中华文化中不胜枚举，这是一个被中华五千年文明不断镂刻的意象，而这个意象所象征的无一不是与美相关。

因此，以花这个原型来代表美妆这个品类最合适不过。事实上，花西子的产品美学处处都在强调花的意象。比如，它最早火起来的第一款口红，就是雕花的口红。颜值即正义，这是一个很宽泛的说法。只要产品外观漂亮，就能打开市场吗？答案显然是否定的。但在原型内在原力的加持下，以花作为原型，自然去表现"颜值"，就使明明很宽泛的颜值概念在美妆这个品类上具备了丰富的文化内涵。

有了花这个原型，再践行"产品即传播"就是一件很容易的事。产品成为传

第十五章　花西子是如何玩转双剑合璧的

播本身，是麦克卢汉所说的"媒介即信息"的具体表现。"我不行了，我快要不能呼吸了，怎么会这么美啊"——这虽然可能是花西子专门给某明星撰写的文案，但从它表现出来的美的震撼力来看，这并没有虚夸，该明星微博下面火热的跟风评论证明了这一点。而花西子的品牌传播，正是以产品令人心醉的美来征服消费者，并且在社交媒体上引起轰动的。

美，自然是花这个原型的天然属性，除了表现美这个属性外，花西子还擅长运用地区文化密码来激活"花"这个原型。大家都知道，花西子中的"西子"来自苏东坡"欲把西湖比西子，淡妆浓抹总相宜"的名句。从原型激活的角度，这是一个被中国千百年的文化反复书写过的密码，这个密码天然就是一个能激活原型的意象。而它与花融合后，对激活东方人的爱美情结具有强大的爆发力。显然，如果把花西子这名字说给外国人听，他们就不可能有什么感觉，这就是地区文化对原型的影响。这既符合乔·汉德森"文化无意识"的观点，也符合荣格的同门——艾瑞克·弗洛姆"社会无意识"的观点。

其次，在选择代言人来表达花这个东方意象时，花西子也表现出了高超的水平。在 WIS 的案例中，我们分析了它过度营销的问题；与 WIS 混乱而繁多的明星墙相比，花西子走了完全相反的路线：它的代言人不但精，而且准。先来看看鞠婧祎，她似乎与生俱来就有某种古典的仙子气质，通过她传达出来的东方韵味，与花西子的柔美、清新、雅致的品牌气质吻合度非常高；再看看杜鹃，她身上独特的东方美与国际范，与花西子"东方""天然"的气质完美契合，可谓相得益彰。

由于对定位＋原力双剑合璧技巧的高超运用，不但使花西子这个成立于 2017 年的新国货品牌迅速走红，还使它相对于那些只会使用"蛮力"的品牌获得了更高的品牌溢价。完美日记、橘朵等国内彩妆一般定价都在 20~200 元，而花西子则在 30~300 元拥有了自己的根据地。有了原型的加持，相信假以时日，花西子会与它那些不懂原型的对手们拉开越来越大的距离。

第十六章
元气森林：拉力和推力的完美合力

※ ※ ※ ※ ※ ※

- ➤ 破译案例：元气森林
- ➤ 新国货排行：第 23 名
- ➤ 2020 年销售额：27 亿元
- ➤ 同比增长：309%
- ➤ 成功密码：用小红书这个 Z 世代的媒体构建拉力，用便利店这个 Z 世代的渠道构建推力，实现了"央视＋超市"这个经典组合才具有的合力

这章我们要分析的元气森林是新国货品牌中的一个异类。它的成功让某些分析师们很尴尬，因为那些分析师一直认为，新国货的崛起靠的是 Z 世代们的民族自信，但元气森林这个新国货的代表，却是一个标准的"仿日系"品牌。在接下来的几个案例中，我们将采用对品牌动力学各个节点打分的方式，展示品牌建设的全过程。

一、元气森林的品类战略——减少阻力：65 分

说实话，在品类战略的打法上，元气森林谈不上优秀。从阻力，也就是从竞争的角度，饮料行业是绝对的红海。并且，元气森林提出的无糖概念也算不上一个新概念，可口可乐早就有这样的产品了。因此，这样的品类战略直接导致了元

气森林的前几年走得很辛苦,毕竟从"两乐"、娃哈哈、农夫山泉、王老吉、红牛等强敌那里虎口夺食可没有那么容易。

之所以还是给它的品类战略打了 65 分(这是一个及格分),是因为它的定价策略还不错:5 元以上的价位直接把传统的强劲敌人给甩开了,留给自己的竞争对手大多是一些弱势品牌。从定价策略上甩开强敌是很容易的。如果你一瓶水定价 1 万块,保证你把全世界的对手都甩开了,在品类战略这个阻力上,你因此可以获得 100 分的满分。但是品牌动力系统是一个相互关联、相互影响的大系统,你在品类环节倒是轻松,却把品牌传播环节的消费者教育难度提升到"完全不可能"的级别了。

当然了,元气森林的定价策略远没有到 1 万块钱一瓶水那么离谱。不过,作为一个新品牌,5 元的高价定位仍然给品牌动力系统中的品牌传播环节,也就是拉力环节带来了挑战。从这个角度看,它要感谢新国货崛起的大背景——媒体和渠道的巨变使传统巨头没能及时跟进这两个消费者重要的接触点,留给了新国货品牌们暂时的时间红利。

二、元气森林的品牌塑造——激活潜能:85 分

85 分虽然算是一个高分了,但在元气森林的品牌塑造环节,我们并没有像其他人那样给它打满分。因为在我们看来,元气森林的成功并不是主要依靠品类战略和品牌塑造这前两个环节。也就是说,它的成功并不是因为成功的品类战略和品牌塑造导致的。

在对元气森林的成功进行归因时,我们看有的分析师已经上溯到了元气森林创始人的游戏生涯,认为他从游戏的大数据出发,成功塑造了元气森林的"和风"形象。在归因上,这可以说是没有抓到核心要素。

当然了,比起多数品牌,元气森林的品牌塑造能力仍然是十分优秀的。它瓶身上那个书法体的"気"字,具有"符号原型"的威力,使它具有了很好的品牌识别度。饮料这样的产品,与淘宝上的美妆、服装、食品可是大大的不同。饮料类的产品的主要购买渠道还是在线下,因为消费者对饮料的需求往往是即时性的。也就是说,纵然其他新国货品牌可以在淘宝和私域里面玩得风生水起,但元气森林只能孤独地在线下去挑战传统强敌。而那个辨识度和独特性都极高的"気"字,

能让元气森林在便利店的货架上起到"鹤立鸡群"的效果。

从品牌塑造这个环节来讲，元气森林的另外一个"优点"就让有些人尴尬了。因为品牌分析师们总在鼓吹新国货爆红是因为Z世代具有高度的民族自信，而在我们给元气森林品牌塑造的85分中，也有它"仿日系"的品牌诉求功劳。无论它那个"気"不写成"气"，还是号称自己是某某株式会社监制，以及标签里面夹杂的日文，元气森林都在刻意地提醒消费者，它和日本有一点关系。

为什么说给元气森林品牌塑造的85分中，有它"仿日系"的功劳呢？因为它具有"魔法师"原型的某些特征。当产品具有某些特征时，可以将这个原型激活，而元气森林一下就具有两个。

其一，是它气泡水的产品性状具有魔法师的关联效应。你可以回忆一下神话片里的标准场景，一般都是云雾缭绕的样子，从而让原本普通的场景具有了仙境的特质。其实，饮料摇晃出气泡也具有同样的功能，它能激活你内心的魔法师原型；另外，有异国情调的产品一般都"标配"有魔法师原型的特点，这个很好理解：因为不熟悉，所以令人感到很神秘。

三、元气森林的品牌传播——形成拉力：95分

我们在前面说过，元气森林的高价策略虽然从品类战略上减少了阻力——因为在这个价格地带没有可乐、红牛那样的传统强势品牌了，但却给品牌传播的拉力环节带去了麻烦。因为，你要告诉消费者你比大品牌还好，就必须要进行艰苦的消费者教育工作。

可以说，消费者教育环节是品牌营销人最容易忽视的环节。如果不懂消费者教育的原理，品牌建设就会遭受极大的阻力。回到元气森林，它与花西子那些完全依靠线上就能成功的品牌不同。以淘宝为主的电商，特别是在抖音直播那种形态下，媒体和渠道已经合一了，并不需要特意区分推力和拉力，更多时候表现为一种合力。即使很多新国货品牌把教育用户的任务交给了小红书，渠道和媒体至少都是在线上完成的。教育用户的过程，就是建立推力的过程；而建立推力的过程，也是品牌传播，也就是教育用户的过程。

而在元气森林这里，推力和拉力的建构必须要分开，因为饮料是即时需求产品，消费者一想到就要喝，不能像线上销售那样慢慢等。但是，元气森林的高定

价策略已经决定了它无法通过渠道这个浅层的教育环节去完成超重的消费者教育任务，而只能寻求专门的教育媒介，也就是品牌传播所需的媒体。

小红书、哔哩哔哩等社交媒体崛起，就是元气森林最佳的消费者教育"接触点"。小红书那样的"媒体+便利店"的渠道，其本质就是孕育了传统的"两乐"、娃哈哈、王老吉等大品牌的"央视+超市"组合。理解这个类比很重要，能让你很快找到元气森林的成功密码。

细细挖掘元气森林快速崛起的秘密，你会发现，这一方面是因为"小红书+便利店"这个组合与它的消费者定位天然吻合，而更重要的一方面则在于：这个组合中，特别是小红书这个教育用户的媒体中，没有强敌——传统的大品牌们根本没有进入这个新兴的社交媒体，Z世代的消费者要么很少听说父辈们眼中的大品牌，要么已经与这些大品牌"失联"太久。这直接导致了一个竞争的真空地带或者说媒体红利期。

这，才是新国货品牌们集中崛起的根本原因，花西子如此，完美日记如此，元气森林也如此，而这绝对不是所谓的Z世代具有民族自信导致的。否则，怎么解释元气森林的"仿日系"风格呢？

四、元气森林的渠道策略——构建推力：100分

渠道策略是品牌建设的最后一个环节。当然，在此我们暂时不谈售后，而且针对元气森林这类用户介入度很低的品类，一般也没有所谓的售后。在渠道环节，我们给了元气森林100分。这是因为，它和完美日记、WIS那些线上品牌们都不同，元气森林的渠道必须在线下。因为饮料是一个即时需求的产品，不像化妆品、服装那样可以主要，甚至完全依靠电商。因此，它必须在强敌环伺的线下去开拓市场。

除了小红书这样的社交媒体红利外，元气森林的成功，还必须要感谢近几年中国市场高速发展的便利店。它们对超市、百货商场、杂货店等传统销售终端的蚕食，给了元气森林这样的新品牌一个构建推力的大机会。以罗森、全时、邻家、好邻居、便利蜂、全家、京客隆等为主的便利店新渠道在用户群上恰到好处地与小红书、哔哩哔哩等新媒体的用户群重叠，这是一个天然可以同"两乐"、红牛、农夫山泉、王老吉等传统强势饮料品牌一争高下的组合。

第二部分　品牌密码：他山之石　不会就学

通过在小红书等新媒体种草，完成了对元气森林而言最难的消费者教育任务——谁让它的价格卖得高呢？那些年轻人刚在手机上接受完元气森林的教育，在公司或家门口的便利店里，就能直接看到一个大大的"気"字(还有"燃"字)在货架上吸引着自己的目光。在这个场景中，即使百事可乐等传统品牌的陈列位置比元气森林更好，但在小红书等新兴媒体"整合传播"的加持下，元气森林显然更具有竞争力。因为年轻的消费者已经太久没有和传统大牌们互动了，仅靠渠道那种浅层的消费者接触点很难完成消费者教育这个"重"任。

很难想象，元气森林如果选择进驻传统品牌必须进驻的杂货店、超市等卖场，那将是什么样的结果？从这个意义上说，元气森林的崛起的确沾了媒体和渠道大变革的光。但是，"小红书+便利店"这个组合也不是自然而然就能发现的。不管有意也好，无意也好，元气森林通过"新兴社交媒体+便利店"这个组合形成的推拉并重打法都可以获得高分了。

拆解到这里，是不是觉得元气森林的打法其实很传统？并不像有些人说得那么云山雾罩和复杂。但是，在"小红书+便利店"这个组合中，特别是对便利店这个新兴渠道的"依赖式"运用，元气森林在品牌动力系统中显示出了高超的"合力"构建能力。从这个意义上说，它的成功可真不简单！

第十七章
江小白：所有品类都值得用"年轻一代"重新定位

* * * * * *

- 破译案例：江小白
- 新国货排行：第 24 名
- 2020 年销售额：25 亿元
- 同比增长：-16.7%
- 成功密码：在千年不变、千篇一律的白酒市场，有 1 分的创新，就有 100 分的回报，海之蓝如此，江小白也如此

如果你熟悉营销史，深谙"为竞争对手重新定位"这个打法的威力，并且具有举一反三的能力。那么，仅仅看到这章的标题，你就不但能瞬间破解江小白的成功密码，而且还有可能因此受到启发，在其他品类找到属于自己的品牌蓝海。本章将细细查探江小白更牛的定位+原力的双剑合璧打法。

一、江小白的品类战略——减少阻力：95 分

看过我们分析元气森林的人可能会很疑惑，同样是进入红海赛道，为什么我们给进入饮料赛道的元气森林的品类战略只打了 65 分，却对进入白酒赛道的江小白打了 95 分。初看起来是有点不合逻辑，不过细究一下，饮料市场的差异化实际上非常丰富，各种小众需求都有相应的品牌去填补空白，所以单纯看元气森

林的品类战略，绝对谈不上优秀。

但是江小白所在的市场可就不同了，白酒市场几乎几十年都没啥变化，同质化非常严重。这种市场中，在品牌塑造上1分的差异化，就有可能获得100分的回报。而江小白在白酒市场上玩的品类分化，可比洋河酒业的海之蓝高级得多。洋河的海之蓝仅仅是在包装上打破了白酒千年不变的暖色调包装，而以蓝色这个与食品并不搭调的冷色调面世而已。

江小白品类分化打法的高级之处在于，它是以"年轻一代的酒"这个定位打破了白酒千年定位于"大人的酒"这个传统。这里要解释一下，"大人"这个描述很不严谨，江小白的目标用户肯定也不是小孩子，只是用它来对照性描述它与传统白酒品牌之间的用户差异。

看到"年轻一代的酒"这个描述，稍微懂点营销史的人肯定想到百事可乐了。它利用"为竞争对手重新定位"的打法，在将自己标榜为"年轻"的同时，顺便给老对手可口可乐贴上了一个"老土"的标签。

虽然不能说所有品类都适合分化出一个年轻的圈层出来，但是这样的品类绝对不少。比如，我们在分析小鹏汽车时就曾建议它定位于"年轻人的车"，广告语都帮它写好了：自立，从拥有一辆小鹏汽车开始！这可是一个利用"叛逆者原型"创意的广告语，威力强大。而再看喜茶、古茗、茶颜悦色……你也能从中闻到熟悉的味道。

在此，我们把"所有品类都值得重做一遍"这句你熟悉的金句修改如下：所有品类都值得用"年轻一代"重新定位。希望大家受此启发，能举一反三，用"年轻一代"的定位去成功切下了传统巨头们的蛋糕。

二、江小白的品牌塑造——激活潜能：100分

在品牌塑造上，我们给元气森林的分数是85分。这其实是一个不低的分数，因为我们认为元气森林的"気"字，具有某种"符号原型"的特征。而我们之所以给江小白的品牌塑造满分，是因为它采用了标准的双剑合璧打法。所谓双剑合璧，就是定位+原力，威力升级。这个打法融汇了两个流派的精髓，因此而获得满分。

那么，双剑合璧的打法，是怎么样合璧的呢？就是用定位+原力同时"进攻"

消费者的左右脑。具体到江小白，它采用的是"以定位为中心，用原力围绕定位来塑造品牌"的打法。具体策略是，围绕年轻一代的酒这个定位，用"我"这个叛逆者原型来丰富和表现年轻的内涵。

严格来讲，这里的"我"，代表的是年轻的"自我"。与父辈们的价值观不同，这个"我"是年轻的、叛逆的、不羁的，充满朝气和活力，同时又有点不被父辈们"接受"的。我们来看看著名的美国《时代》周刊的想法，下面一段文字来自2006年某天的《中国日报》：

你上网吗？你"开博"了吗？如果答案是肯定的，那么恭喜你，你已经战胜了美国总统布什、伊朗总统内贾德等赫赫有名的世界政要，当选为美国《时代》周刊2006年年度人物！今年的时代年度人物是："You"！

不以某个具体个人为年度人物在《时代》周刊早有先例。早在1966年，《时代》就别出心裁地将25岁以下的年轻人作为当年的年度人物。1975年，美国女性又集体摘得《时代》年度人物桂冠。

看到了吗？无论是2006年的"You"，还是1966年的"25岁以下的年轻人"，其实都和江小白的消费者定位一致，那就是有点叛逆心理的年轻人。从这个原型的标准性格来看，说年轻人全是叛逆者肯定是不对的，但是从这个原型的部分特征看，只要是年轻人，多多少少都带有这个原型的某些特征。比如，叛逆者"层次一"所描述的："自认是局外人，不接受团体或社会的价值观，藐视传统的行为与道德。"这几乎就是年轻人的"标配"了。

那么，江小白这个"年轻一代"是如何叛逆的呢？我们东方传统文化讲究含蓄，江小白的"表达瓶"却恨不得让全天下都知道自己的大白话；传统白酒几乎都是清一色的暖色调，江小白却非要搞蓝色这个具有"脱群"特征的冷色调；传统白酒都是厂家说啥就是啥，江小白却非要搞"品牌共创"，让年轻的消费者决定在瓶身上印什么……显然，这些动作都非常有利于丰满叛逆者这个原型的内涵。

三、江小白的品牌传播——形成拉力：85分

品牌传播的功能大致说来有两个：一个是信息传递，一个是消费者教育。先

第二部分　品牌密码：他山之石　不会就学

说说信息传递功能，其实非常简单，就是向消费者"汇报"产品、企业、促销、价格、品牌、活动等等信息。主要目的不是为了品牌塑造，而是为了直接达成销售。

而品牌传播的另外一个功能，就是难度和权重都极高的"消费者教育"功能。这是品牌塑造五大环节中，非常容易被企业忽视，但却又无比重要的功能。从媒体负责拉力系统和渠道负责推力系统这个"分工"来看，如果媒体的拉力系统没有构建好，也就是基本的消费者教育任务没有完成，那么你在渠道铺货越多，也许就会失败得越快。

以江小白为例，在它 2012 年刚刚启动市场的头几年，消费者根本不了解这个品牌。但是在渠道上，江小白走的却是"准"直营模式，也就是只有一个层级的代理商这种扁平化模式。这种渠道模式的特点是：虽然面铺得不太开，但是执行力却很强。而执行力强的潜台词则是：在特定的市场内，货能很快地铺出去。

但是，在消费者教育没完成的情况下，这会导致终端根本走不动货——消费者不接受，经销商不买账。直接后果就是餐馆、杂货店等终端对江小白的抵触很严重。

为什么我们还是给江小白的品牌传播打了 85 分呢？这是因为对于白酒的销售，新品牌要么直接依赖渠道强推，走的是"贿赂"餐馆服务员的模式，通常是送开瓶礼物，甚至直接在酒盒里塞现金，这一般是小品牌走的模式；要就是"大土豪"上场，在电视上砸广告，也就是我们在完美日记案例中介绍的 HBG 那套打法，你最熟悉的秦池就是这样的。

显然，在启动之初，江小白也是标准的小品牌。但是它既没有走小品牌"应该"走的"贿赂"渠道模式，也没有走"大土豪"在大媒体砸广告的模式，而是创造性地依靠新浪微博这个深受当时年轻人喜欢的社交媒体，走了另外一条道路。从这个角度看，江小白的品牌传播模式与元气森林选择小红书的手法是一样的。至少在江小白成长的那几年，这是一个非常有魄力，也非常有创新的传播打法。

四、江小白的渠道策略——构建推力：60 分

我们给江小白的渠道分数非常低，仅仅是及格分。这既是一个现实，同时也是江小白左右不了的环节。

在分析元气森林的时候，我们说"小红书＋便利店"这个组合直接挑战的是

第十七章　江小白：所有品类都值得用"年轻一代"重新定位

传统强势品牌们擅长的"央视＋超市"组合。在这一对组合中，小红书是年轻人的媒体，便利店是年轻人的渠道，针对元气森林的用户定位而言，这真是构建推力和拉力的"天作之合"。

到了江小白这里，虽然在传播上它选择了微博这个年轻的人媒体，但是渠道却不得不与老一辈的传统品牌们混在一起，走了"餐馆＋杂货店"的模式。江小白的委屈和无奈在于：白酒，尤其江小白那种价位的白酒，几乎100%是在餐馆或杂货店现售，既不太可能网购——不能等，也不太可能从汽车后备厢拿出来——档次不够。

所以，它不得不与传统的老家伙们挤在一起，而无法与微博这个新媒体形成整合传播效应——而元气森林的"小红书＋便利店"这个组合就可以。因此，江小白的营销效果就难免会打折扣。

第十八章
小罐茶：三重品类定位给其他茶叶品牌的启示

* * * * * *

- ➢ 破译案例：小罐茶
- ➢ 新国货排行：第 25 名
- ➢ 2020 年销售额：25 亿元
- ➢ 同比增长：71%
- ➢ 成功密码：立顿和大红袍有啥不同？小罐茶和普洱茶有啥不同？产地品牌是茶叶品牌的最大陷阱，要成功，必须先懂这个

茶叶，是一个最令中国人恨铁不成钢的市场。有资料显示，英国立顿红茶这一个品牌的年产值曾一度超过中国整个茶产业七万余家茶叶企业的年总产值。作为千年丝绸之路的起点、茶叶的发源地、茶叶消费量最大的国家、茶文化最浓厚的地方，却没有一个拿得出手的茶叶品牌，真是叫人情何以堪啊！这一章，轮到分析出道以来就饱受争议的小罐茶了，借着破解它成功密码的机会，我也为中国茶叶的品牌建设提供一点思路。

一、茶叶极低的易测性意味着什么

你懂茶吗？说实话笔者不怎么懂，虽然在过去 10 年间，我出于工作需要，大约每天都要喝 2 个小时工夫茶。普洱、红茶、白茶、黑茶、乌龙茶、绿茶……

第十八章 小罐茶：三重品类定位给其他茶叶品牌的启示

几乎所有的茶叶品类我都曾"重度"消费过，也曾经常遇到不少的行内人士。这里说的"行内人士"指的不是"内行"，而是做茶叶的行内人，因为我们不敢确定谁是真正的内行。

为什么呢？因为同一种茶，不同的行内人对它的评价并不一致。可以说，咖啡、茶、红酒、白酒这类非标产品，在我们看来受主观影响太大，很多时候会体现出类似药品盲测中的"安慰剂"效应。受产区、采摘时间、制作工艺、场景、包装、品牌——哦，鉴于茶叶没啥真正的品牌，就换成推荐人吧——这些不同因素的影响，对同一种茶，不同的人会有不同的感受，有点仁者见仁，智者见智的味道。

在这种情况下，作为一个消费者，你在选购茶叶的时候就会高度依赖品牌。从这个角度看，茶叶这个品类就是我们所定义的刚性品牌。也就是对企业而言，如果想获得良好的销售，它的品牌建设需求是刚性的，也就是说，茶这个品类必须依靠品牌才能做大。

现在，我们先来看看品牌价值定律的公式：

- 品牌价值＝安全价值＋精神价值。
- 品牌的安全价值与产品的易测性成反比。
- 品牌的精神价值与产品的性价比成反比。

在分析茶叶市场时，需要用到的是第二条定律，也就是品牌的安全价值与产品的易测性成反比。因为茶叶的易测性很低——也就是不容易判断品质，反而导致品牌的安全价值极高。因此，茶叶企业的品牌建设需求就是典型的刚性需求。也就是说，茶叶是一个必须依靠品牌来促进销售的品类。

然而，中国茶叶市场的现状却是茶叶的销售高度依赖渠道所构建的推力——也就是茶叶市场、茶馆、茶店，而并不依赖品牌塑造所激活的潜能和品牌传播所构建的拉力。但是，由于物理渠道天然呈碎片化分布，导致了茶叶市场也呈现出高度的碎片化特征。因为这个原因，中国很难冒出一家规模很大的茶品牌。

显然，在消费者非常需要品牌来帮助其完成购买决策的茶叶市场，小罐茶第一个满足了他们这方面的需求，能不成功吗？说得更直白一点，在茶叶这个市场，

第二部分　品牌密码：他山之石　不会就学

只要搞品牌，你就比其他对手多了 99% 的胜算。因为，品牌塑造所激活的潜能和品牌传播所构建的拉力系统比渠道策略所构建的推力系统天然具备"通吃"的特性。

二、如何将竞争的阻力降至"无对手"级别

既然要分析品牌，就又要回到笔者创建的品牌动力学的基本框架，按照品牌动力学的 5 种力，我们还是先从小罐茶的品类战略说起。在品类战略的打法上，小罐茶采用了"三重品类分化法"，这是一个极为高级的打法，但原理却非常简单。

什么叫三重品类分化？它的第一重是这样的：小罐茶将自己定义成了礼品。虽然这不是一个多么新鲜的品类定位，但是在品牌势能的加持下，它对茶叶市场上那些品牌形象并不鲜明、品牌差异化并不突出的平庸对手来说，竞争力还是很强的。在茶叶这个市场，只要搞品牌，你就比其他对手多了 99% 的胜算。

小罐茶的第二重品类分化，是从产品的外观上开始的。普通的茶叶包装，要么散装，要么盒装、饼装，总之全是大包装。小罐茶这个包装具备市场竞争力的地方不在于它的"小"，而在于它突破了"集体茶"的饮用场景，变成可以随身携带的、可以自斟自饮的产品了，饮用场景一下就扩大了。

如果你不明白这种超越了场景的意义，想想立顿红茶就明白了。在品类战略上，立顿红茶和小罐茶是完全一致的，都超越了传统茶叶的饮用场景。立顿和小罐茶的区别仅仅在于，小罐茶的品牌塑造方向走的是理性诉求，进攻消费者左脑；立顿走的是感性诉求，进攻消费者右脑。

关于上面的分析，你可能会很疑惑：西湖龙井、碧螺春等绿茶不是也可以一个人单独喝吗？为啥小罐茶凭着一个小包装就可以胜出？要化解你这个疑问，必须来看看小罐茶的第三重品类分化，正是这个分化，让它的自饮与龙井、碧螺春等绿茶的自饮显出了差别。

小罐茶的第三重品类分化，是一个虚拟的定位，也是暗含妙招的定位，是"没有品类的品类"。看到这里，你是不是觉得太玄了？其实，这一点都不玄，在你头脑中联想一下你熟悉的茶叶品牌，是不是多数都与地域相关？比如普洱茶、龙井茶、碧螺春、大红袍、铁观音……其中有一个是品牌吗？全是产区好不好？

传统茶叶企业以为像"茅台镇传世佳酿"那样给自己绑定一个优质产区的名称是好事,却不知物极必反。它们的品牌形象,就籍籍无名地被埋没在集万千光环于一身的产地品牌的阴影下,永世不得翻身了。而小罐茶和立顿的"虚拟品类定位"却正好挣脱了产地品牌的束缚,将传统茶叶竞争对手全都排除在外,而获得了天高任鸟飞的自由。

不过,从品类分化打法的角度看,小罐茶稍微有点贪心,八大名茶全部通吃,这就给自己留了后门。当然了,这也给同行的竞争者们留下了机会。换句话说,按照小罐茶的路数,你只做其中的某个品类,无论红茶还是普洱,都存在蚕食小罐茶市场份额的机会。

三、理性诉求不适合茶叶品类

"小罐茶,大师作",这是一个标准的定位派理性诉求方向,用叶茂中的话说,它进攻的是消费者的左脑。

理性诉求的局限在于,无论是礼品方向,还是品质方向,小罐茶都在强调茶的贵气,却在茶这个品类所需要的调性和文化方面失去了灵魂,没有了中国茶本应有的精神。通常说来,白酒、红酒、茶叶、咖啡、男装、运动鞋这些讲究调性和文化的品类,最佳的品牌建设方法应该是这样的:通过品类分化打法给自己找到一个"无人区"后,就不要再在理性诉求上发力了,这容易导致适得其反的效果。比如小罐茶,由于它的三重品类分化,如果品类战略满分 100,我们能给它120 分——和立顿红茶一样,它们都挣脱了传统茶叶产区品牌的桎梏。

但是,当它继续在定位方向上走"大师作"的理性诉求后,就遭遇了一系列的抵触。其实,即使消费者不质疑小罐茶大师作的真实性,在茶叶这样讲究调性的品类上进行理性诉求,显然也不是一个好的品牌诉求方向,容易陷入"高度同质化"的竞争红海。不信的话你在头脑里搜索一下白酒、男装,其实还有燃油汽车(电动车也有这个趋势),看看是不是多数品牌都陷入了同质化竞争的陷阱。

定位派总是喜欢批评 USP 卖点派的缺点,但在高竞争地带,它们的缺陷是完全一样的。而解药,都要到原型派那里去找。

第二部分　品牌密码：他山之石　不会就学

四、窗户纸有时无须捅破

"不把窗户纸捅破"，这是定位派批评品牌形象理论时所持的观点。不过，他们忘记了人的爱好很多元，品牌调性也不一，在千变万化的市场上并没有一个放之四海而皆准的通用打法。正如南宋俞文豹在评价柳永和苏轼的词时说的那样："柳郎中词，只合十七八女孩儿执红牙拍板，唱杨柳岸晓风残月；学士词，须关西大汉，执铁板，唱大江东去。"显然，什么样的词（品牌），就应该用什么样的方法来弹唱（塑造）。

像红酒、白酒、茶叶、咖啡这类品牌，用感性的语言更容易激起消费者的购买欲望。试想，一个人脑子里正处在"自在花飞轻似梦"的温馨时刻，你却来一句"已经热销1亿瓶"，很难想象这会对购买有帮助。又或者，观众正在为运动员为国争光而热泪盈眶的时刻，这时候最适合来一句"一切皆有可能"，而不是用"运动市场领导者"去大煞风景。

当然，定位派的担心也不是没道理。那个广为人知的批评是什么来着？哦，就是"广告不是为了让广告人拿金奖，而是要为品牌商搞销量""脑白金虽然土，但人家成功啊"。不过很多人不知道的是，脑白金的威力并不全是定位派的功劳，里面还有原型派武功的威力。比如，脑白金并不仅仅是强调对购买者自己的身体有多少帮助，而是鼓励年轻人为了自己的爸妈身体着想而购买，这就是一个标准的挖掘了照顾者原型最高层级的打法。当然了，从整体来讲，这其实是定位+原力双剑合璧的高级打法。

从另外一个角度来看，茶叶、白酒、男装、汽车（燃油类）、家电、运动鞋这些已经多年没有革命性技术让消费者眼前一亮的行业，都可以通过原型派来寻求突破。因为通过原型理论塑造的品牌，注重表现品牌的"人格"，最容易激活原型的强大威力。这与定位派的广告创意固然是泾渭分明，甚至也与纯粹的形象派（品牌形象理论）差别很大。因为，形象派走的是"生活方式营销"路线，这表现的是原型浅层的需求，而原型派理论挖掘的却是原型"内心深处未被满足的渴望"。

这样一来，单单在外在的广告表现上，用原型派武功打造的品牌也会和形象派品牌形成区隔，能让消费者耳目一新。因此，在茶叶这个有竞争、少品牌的碎片化市场上，如果能率先引入原型派打法，将比单纯用定位派打法获得更大的成就。因为，窗户纸有时可以不用捅破。

第十九章
云鲸拖地机器人：拖地扫地，判若云泥

* * * * * *

- 破译案例：云鲸科技
- 新国货排行：第 27 名
- 2020 年销售额：24 亿元
- 同比增长：无数据
- 成功密码：不要更好，而要不同。云鲸的拖地相对扫地，既是不同，也是升级

"企业有两种竞争方式：赢得品牌偏好、让竞争者失去（品牌）相关性"。还记得品牌大师戴维·阿克这个著名的论断吗？我们在"品牌动力学：一眼看透品牌建设的底层逻辑"那章提过。在阿克看来，企业赢得市场竞争优势只有两种方法：一种是塑造品牌，让消费者喜欢你；一种就是开创新品类，把对手从你所在的品类中赶出去。本章的主角云鲸，就是一个同时在两个方向都走对了的幸运儿。

一、品类分化，就这样搞

关于品类分化的打法，前面已经介绍了很多。笔者一向认为，学习打法必须具备融会贯通的能力，千万不要学品牌就是品牌、学战略就是战略，那样很难让脑子开窍，更难有创新思想出来。下面，我们就用一个"过气"理论嫁接到品类

第二部分　品牌密码：他山之石　不会就学

分化上，让你快速学会品类分化的打法。暂时先不告诉你这个理论是什么，看看最后你是否能对它实现"品牌再认"。

(一) 明确提出品类相关性

制定品类分化战略的第一步，就是必须明确提出"品类相关性"，这也是阿克教授提出的术语。所谓品类相关性，简单点说，就是你所在的品类应该有哪些特点和属性，消费者看到这个品类的时候，能否知道它代表的是什么。举个例子，如果你想打造一个学生专用电动车品牌，那么它必须在两个方面符合这个品类的要求，否则就不能说你成功进行了品类分化。

是哪两个方面呢？第一，电动自行车的共性。比如功能、外观、技术参数，甚至包括大致的价位——毕竟你的自行车如果定价几万，消费者就有可能不当它是自行车了；第二，差异性，也就是卖点。如果没有满足学生的卖点，你这个"学生专用"的品类定位就很难成立。

(二) 突出品类的差异性

既然叫品类分化，就必须审视你这个品类所确定的差异性。你的对手提出过吗？如果提出过，可能你所谓的品类分化就是伪品类分化。当然了，我们一直强调思维不要僵化，并不是竞争对手已经进入的所有品类你都不能跟进——否则就没有同质化竞争一说了；而是要权衡对手的实力，如果对手太强大，说明竞争激烈，你所制定的品类分化就是真的伪分化；如果对手实力很差，那还犹豫什么呢？赶紧杀进去啊！

(三) 你所强调的差异性是消费者需要的吗

到了品类分化战略的第三步，就要检查你这个分化出来的新品类，它所强调的差异性是消费者需要的吗？如果不是，虽然它也算是新品类，但却是一个没有价值的新品类。在实际的市场操作中，很多人为了创新而创新、为了不同而不同，却忘记了消费者价值和需求。

看到这里你应该想到了，这不就是 USP(独特的销售主张) 所遵循的方法吗？我们在理想汽车那个案例中已经用过一次了。定位派总说的 USP 过时了，在我们这里，USP 不但能检测定位优劣，还能制定品类战略。

二、云鲸的"会拖地"牛在哪里

对扫地机器人这个品类,你最熟悉的肯定是扫地这个功能。不过,云鲸却号称自己是"会拖地的机器人"。可不要小看"扫地"和"拖地"之间这么一点小区别,在品牌建设上,它对云鲸的快速崛起厥功至伟。运用上面刚刚学过的 USP 检测方法,我们来看看云鲸的"会拖地"这个定位到底有多牛。

- 品类卖点:拖地。
- 独特性:相比扫地,独特性很高。
- 用户需要:很高,拖地是对扫地的升级。在我们的习惯认知中,扫地是粗活,拖地是细活。
- 品类得分:100 分。

从上面的分析可以看出,云鲸的"拖地"相对于其他品牌的"扫地"是标准的品类升级打法。正是这个打法使消费者一般认为云鲸的拖地功能比其他品牌的扫地功能更先进,也更符合自己的需求。

你不能拿定位派的"不要更好,而要不同"来说这个升级有问题,因为技术升级是战略层面的事,定位属于品牌建设工具,不能"越级"去管战略;但在品牌塑造所需的定位层面,我们则要追求"而要不同"。因此,云鲸事实上玩的是"为竞争对手重新定位",将自己塑造成先进的拖地家族,而将竞品都归类为扫地的。

事实上,市场上打"拖地"牌的扫地机器人有很多。不过,按照定位的思想:认知大于事实,谁率先强调这个卖点,谁就有可能成为品类代表。因此,当我们说只有云鲸是拖地机器人时,可能你会认为调查有误。其实,对消费者认知而言,这根本不是重点。它能误导笔者,也就能误导消费者。正是这样的误导,让它能在对手众多的赛道上快速走红。

三、光脚自由与探险家原型

"光脚自由主义"这个词你听过吗?它是由云鲸引爆的。2020 年,云鲸利用微博红人"野生珍妮""除了我都是猪"发布了《光脚自由主义》的短片,让

第二部分　品牌密码：他山之石　不会就学

人感受了一把在家里不穿鞋的自由感。

这个短片展示的精神是探险家这个品牌原型。这是一个潜力巨大的原型，著名的星巴克、Jeep、李维斯，以及近年大火的新国货品牌李子柒采用的都是这个原型。

"光脚＋自由"这个一直被各种电影、电视演绎的大众文化密码，正好可以激活探险家这个原型。如果你不太明白其中潜藏的力量，现在就可以把眼睛闭上，幻想一下你和朋友各自提着鞋赤脚走在沙滩上的画面，感觉一下你内心涌起的冲动。那个在你内心莫名其妙就涌起的冲动，就是原型的力量。由此，你再去领会探险家原型的座右铭——"世界那么大，我想去看看"，一定会有不同的感悟。

只不过，云鲸的光脚自由主义只是暗合了这个原型，在品牌塑造上却并未主动利用它。因此，这并未完全激活探险家原型的巨大原力。比如，它选用的代言人刘涛，是一个照顾者的原型形象。正如我们在分析 WIS 那个案例时说过的，品牌代言人与品牌人格之间如果原型错配，不仅会浪费企业资源，有时还会导致意想不到的灾难。

第二十章
薇诺娜：谁说定位不行了

* * * * * *

- 破译案例：薇诺娜
- 新国货排行：第 28 名
- 2020 年销售额：23 亿元
- 同比增长：18%
- 成功密码：谁说定位不行了？药妆这个品类分化的高级打法，加上对事实信任状的极致运用，在薇诺娜身上体现了定位派武功在药品、化妆品品类上的超强效力

如果你是定位理论的忠实拥趸，提到云南白药牙膏的时候，会不会有点认知不协调？从定位观点来看，云南白药推出了牙膏品牌是典型的品牌延伸，违反了定位派"五大心智定律"，按理说它应该会失败才对。但事实恰恰相反，云南白药牙膏不但成功，而且非常成功。因为同样的底层逻辑而成功的不只是云南白药，还有它的老乡薇诺娜。

一、品类：与云南白药牙膏殊途同归

从品类的角度，薇诺娜和其他护肤品牌都不同，它的定位是"药妆"。这是薇诺娜基于自己独特的企业背景来制定的。因为它的前身是云南第二大药企——

第二部分　品牌密码：他山之石　不会就学

滇虹药业旗下的一个护肤品项目组。2014年，滇虹药业被拜耳收购，薇诺娜这个品牌就被独立出去，现在的品牌持有方是贝泰妮生物科技有限公司。

单从品牌塑造的层面来讲，薇诺娜这个药妆的"信任状"可是无数化妆品公司梦寐以求的。因为在消费者的传统认知中，药肯定比化妆品的护肤效果更好。薇诺娜显然很清楚自己的竞争优势，因此，在品牌传播中，它不断强化自己药妆的品牌定位，利用医学背景来强化消费者对自己专业性的认可。

那么，这个定位好不好呢？还记得我们在分析理想汽车和云鲸拖地机器人时提到的USP吗？在那两个案例中我们都用USP的法则跨界检测了定位的效果。现在，我们就再用它来检测一下薇诺娜的定位，看看它这个药妆的定位好还是不好。

- 品类卖点：医学护肤。
- 独特性：强，几乎没有竞品。
- 用户需要：强，传统认知是药比妆好。
- 品类得分：100分。

股神巴菲特说过，企业的护城河有4种来源，分别是垄断、品牌、用户忠诚度、特许经营。其中，老爷子说的特许经营，不是指中国流行的加盟连锁模式，而是指"政策准入"，薇诺娜正是这种情况。你看，在巴菲特说的4种护城河中，薇诺娜就占了品牌和特许两种，能不强吗？

看到这你想到什么了吗？同样是云南的品牌，薇诺娜和它的老乡云南白药牙膏很像啊。在分析植护那个品牌的时候，我们专门拿云南白药作为案例，指出它虽然违反了定位的心智定律，却很成功的原因。

是什么原因呢？是因为在消费者的传统认知中，药比牙膏有效。云南白药牙膏中的药不但没有像定位派所担心的会让消费者心智混乱，反而让他们觉得这是对他们牙齿的保护升级了。当然了，在这个升级的实际运用中要看云南白药和牙膏谁是主体，否则可能适得其反。

与云南白药牙膏类似，薇诺娜也沾了消费者这个认知特点的光。护肤，尤其是薇诺娜强调的修复功能，高度接近甚至已经是医学范畴。在其他竞品全都只能在化妆品的范围内搞宣传的时候，薇诺娜的"药妆"显然具有降维打击的优势。在这方面，它与云南白药牙膏的成功可谓是殊途同归。

第二十章 薇诺娜：谁说定位不行了

二、品牌：为竞争对手重新定位

近几年，关于定位在互联网时代是否继续有效，甚至定位是否曾经有效的争论，在网络上进行得如火如荼。在第4章，我们用消费者教育的原理，指出了定位在社群模式和新国货领域"好像不管用"的底层逻辑；在本章一开头，我们又用云南白药牙膏的例子把定位调侃了一下。

看起来笔者好像是一个"定位黑"(反对者)，但实际情况却正好相反：笔者是一个极为虔诚的"定位粉"(支持者)。只是和那些盲目的"定位粉"不同，笔者清楚定位的"效能边界"在哪里。虽然在茶叶、咖啡、白酒等注重情感和调性的领域表现不佳，但是在药品、化妆品等注重功能性、理性诉求的领域，定位却是操作简单粗暴，效果立竿见影的品牌建设利器。

而薇诺娜采用的品牌塑造方法，正是定位四大打法中的"为竞争对手重新定位"。通过定位手法，薇诺娜把自己成功定位成了药妆，将自己从护肤品的竞争红海中抽离了出来，这其实就是品牌大师阿克说的：让竞争对手失去相关性。看到前面我们说薇诺娜的品类战略采用的是品类分化，而这里又是为竞争对手重新定位，你是不是有点迷糊？其实，我们在"定位：不会用，就不要说不管用"那章就说过，抢先占位、关联定位和为竞争对手重新定位，其本质都是品类分化，它们都是一家人。

不过，薇诺娜"护肤黑科技，呵护敏感肌"这个广告语的表述水平实在不高，比云南白药创可贴那句"有药好得更快些"差不少。不知道这是否有监管方面的限制，即便如此，这个广告语也都还有很大的提升空间。

好在，在所有构成品牌资产的品牌元素中，广告语只是其中一个，所以薇诺娜还可以通过其他元素来补上这个短板。事实上，在VI(视觉识别)色彩的运用上它就做得很好。针对敏感肌的护肤产品，其他竞品通常都以蓝色为主色调，而薇诺娜则采用了医学上类似"红十字"这个符号原型中的红白色，以强化自己和药的关联性。另外，在整合营销强调的用户接触点选择上，薇诺娜也经常选择医生、医院这样的接触点，不断强化医学背景这个信任状。

在定位派最反对的"品牌延伸"上，薇诺娜也恪守底线，始终围绕"敏感肌肤修复"这一核心卖点宣传。事实上，针对敏感肌的产品只占薇诺娜全部产品的40%，但在定位思想的把关下，它的宣传始终只突出"敏感肌肤修复"这个单点，而它的竞品们则是保湿、美白、抗衰老等功效一起上，这应该是深谙定位理论的操盘手在掌舵的结果。

三、传播：像"药"那样深度教育用户

品牌的建设过程，就是综合运用品牌动力系统中各种力的过程，这是品牌动力学的基本思想。但是我们必须要明白，阻力、势能、拉力、推力和引力这5种品牌动力学的力，它们不是独立存在的，而是相互影响的。

在分析元气森林的时候我们说过，单纯在减少竞争阻力的环节，我们可以把一瓶水定价为1万块，由此，在你所在的赛道就绝对不会遇到竞争对手了。不过，你这个品类战略的环节虽然轻松了，却把大难题甩给了品牌传播这个消费者教育环节。因为，说服用户去买1万块钱的水解渴，这是一个不可能完成的任务。

站在品牌动力之间会相互影响的角度，我们来看看薇诺娜的品牌传播环节是如何进行的。由于在品类定位那里它将自己定位为了药妆，这可是一个政策的管控地带，要让消费者相信你，就必须在消费者教育上苦下功夫。不过从品牌建设逻辑的角度看，让消费者相信你具有药效，虽然门槛很高，但执行环节却并不复杂。

薇诺娜显然很清楚这个道理，所以在品牌传播上它紧抓两个要点：其一，目标消费者在哪里活动，就到哪里搞宣传；其二，进行消费者教育时非常注重利用"事实信任状"。

我们先来看看它的媒体选择，主要还是微博、微信、抖音、小红书、哔哩哔哩等。针对新国货品牌而言，这是一个不太难的媒体策略，因为年轻的用户都在这里嘛。因此，从这个角度说，薇诺娜的媒体策略虽然不优秀，但却是正确的，能有效就好。营销是一件严肃的事，你完全没有必要为了优秀而优秀，也没有必要为了独特而独特。

在信任状的选用上，薇诺娜也深谙定位的精髓。因为"药比妆好"虽然是一个逻辑信任状，但是这个逻辑信任状却因为监管的问题，需要"事实信任状"来支撑。对此，薇诺娜要么直接让医生到前台，要么就搞更高端的高峰论坛，把事实信任状玩得炉火纯青。

比如，从2017年到现在，它的直播义诊进行了几百场，这样的效果可以说是立竿见影，到今天它的微博粉丝已经高达150万；而"中国敏感性皮肤高峰论

第二十章 薇诺娜：谁说定位不行了

坛"这样的大动作，引来了包括郑志忠、朱学骏、李利、郝飞、顾军等在内的众多皮肤科权威专家来为它站台。这样的信任状排场，完全可以承担品类战略环节甩给品牌传播环节的消费者教育重担。

从薇诺娜的打法上，我们看到传统和正宗的一面。传统的意思是，不玩什么花招，其实花招多了也没有用；而正宗的一面则在于，它的打法符合品牌动力学的运动规律，符合品牌打法的基本原则。由此给我们的启示是：只要遵循品牌建设的基本逻辑，成功是可以实现的，甚至是可以"按图索骥"的。

第二十一章
泡泡玛特的三板斧：赌性、原型和社交货币

* * * * *

- ➢ 破译案例：泡泡玛特
- ➢ 新国货排行：依据数据应该是第 24 名，但海豚社未将其列入百强榜
- ➢ 2020 年销售额：25.1 亿元
- ➢ 同比增长：49%
- ➢ 成功密码：社交货币的传播威力、魔法师原型的品牌威力和斯金纳箱的赌性威力，在泡泡玛特身上形成了合力

根据财报显示，泡泡玛特 2020 年的营收为 25.1 亿元，同比增长 49%。按照海豚社的排行榜，它的排名应该在元气森林之后、江小白之前才对。但是不知道什么原因，海豚社并未将它列入"新国货 100 强排行榜"。无论有意还是无意，泡泡玛特都同时利用了赌性、社交货币和原型这三大利器，正是这三板斧形成的复合力量，将它推进了千亿市值的巨头俱乐部。

一、从斯金纳箱这个心理学实验说起

在分析泡泡玛特之前，先来看一个著名的心理学实验——斯金纳箱实验，这个实验是以美国著名的心理学家斯金纳的名字来命名的。斯金纳最著名的科学成就，是他在 1938 年发明了一个挺科幻的实验装置，这就是后来名声大振的斯金纳箱。

第二十一章 泡泡玛特的三板斧：赌性、原型和社交货币

在进行实验的时候，斯金纳会在这个箱子里面关上一只小动物，通常是鸽子或者小老鼠。箱子里面有一个隐藏的机关，也就是按钮，如果这个按钮被小动物碰到，箱子里就会掉出食物来给它吃。这个实验分5个不同的阶段进行，大致情况如下：

实验一：

将一只饿了24小时的小老鼠放入斯金纳箱，小老鼠每次只要按下按钮，就会掉落食物。马克思曾经说过，人和动物最大的区别就是制造和使用工具。在这个实验中，在生存的压力下，小老鼠也无师自通地学会了使用工具。

实验二：

还是同样的箱子和按钮，只不过，每次小老鼠如果不按下按钮，箱子就会通电，让小老鼠产生痛苦。在这个实验中，小老鼠仍然能学会按按钮，只不过，不通电的时候，它就不想按了。心理学家和社会学家由此引申出这样的结论：惩罚不是最好的教育方法，因为它虽然可以快速改变人，但这个改变来得快，去得也快。

实验三：

由一开始的一直掉落食物，逐渐降低到每隔1分钟后按一定的概率掉落食物。结果小老鼠也学会偷懒，它也会每隔1分钟才按一次按钮。你看，我们以为只有人会的东西，动物也都会，这小老鼠不仅能学会使用工具，而且还能学会偷懒。

实验四：

和盲盒高度相关的重点来了：小老鼠每次按按钮，有时掉落食物，有时没有，完全按照一定的概率随机分布。结果小老鼠疯狂地不停按按钮。显然，这也和盲盒的购买者们为了获得一个惊喜不停地疯狂买买买很相似。

实验五：

最后一个实验更好笑，其实装置、机制都和实验四完全一样，只不过因为不知道食物掉落的随机机制，使小老鼠有了一些奇怪的行为。比如撞箱子、转圈、跳舞等。因为以前在掉落食物时，小老鼠正好在进行这些行为，于是产生了"迷信"，这个实验也揭示了人们迷信的心理机制。

这些实验向我们展示了动物的行为是多么的不理性，不过，别忘了人也是动物。在与盲盒现象相关性很强的实验四中，其实还有一些耐人寻味的细节。比

如，随着食物掉落的概率越来越低，小老鼠按按钮的行为并没有变化，直至要按40~60次按钮才掉落一个食物，但它们仍然会不停地疯狂按按钮。

通过小老鼠的行为你能想到什么？打牌、老虎机、游戏、彩票……当然，还有盲盒。其实，在利用人性的弱点上，它们的内在机制都是一样的，都是因为随机的、不确定的奖励，让人产生了赌徒心理。

二、社交货币是这样让泡泡玛特疯传的

从品牌动力学角度看，泡泡玛特通过让人成瘾的机制建立了品牌的高势能。但是一个品牌仅有势能还不够，它还需要传播，需要让更多人知道。泡泡玛特能一夜爆红的原因除了盲盒的"赌性"属性，还在于它是一个标准的"产品即内容，产品即传播"的产品。

社交货币是乔纳·伯杰在《疯传》一书中提出的概念，虽然这个沃顿商学院市场营销学教授的作品也登上了《纽约时报》《华尔街日报》等畅销书排行榜，但他的风头始终没有马尔科姆·格拉德威尔的《引爆点》那么强劲。不过在我们看来，引爆点是一个"好看但不中用"的理论，实用价值比伯杰的"疯传六原则"差得不是一点半点。

社交货币的基本原理是：某件事能被人们传播，并不是这件事有多值得被谈论，而是这件事能帮助传播者树立在某些方面"很牛"的个人形象。比如，作为一个研究品牌的人，在转发一篇别人的文章时，可能有这么几个动机：能显得我们读书多、知识广博的会转发；能显得我们格局很高的会转发；能支持我们一贯的观点的会转发……此时，我们转发的东西就像货币一样，具有社交间的交易功能，可以为我们换回赞誉、支持和虚荣心。

关于社交货币的形成机制，加拿大社会学家欧文·戈夫曼创建的"拟剧论"可以简单粗暴地给出解释：因为每个人都需要表演。对泡泡玛特的目标消费者而言，盲盒这样又时尚、又潮流、能互动的产品，几乎满足了他们那个年龄层所有的社交货币条件，在传播性和赌性的双重作用下，成为"爆款"就是一件顺理成章的事。

既然社交货币对传播如此重要，那么，要让产品和品牌具有社交货币功能需要从哪些方面努力呢？首先，要增加产品的内在吸引力。成为社交货币的关键是：

要让你的产品变得有趣、新奇和生动,要善于打破常规。而泡泡玛特在产品趣味性的设计上,显然就满足了这个条件。

其次,要利用游戏机制,让消费者想到处炫耀。在参与游戏的过程中,用户如果通过努力获得了比别人更多的分数或成绩,就很容易主动去谈论这个游戏,炫耀他们的成就。而泡泡玛特将开盲盒当作了具有仪式感的活动,拍照上传朋友圈几乎是那些年轻消费者的标配,他们那是在给谁看呢?肯定是泡泡玛特也想征服的同龄人啊。

按照乔纳·伯杰的观点,强化消费者的归属感,让他们显得很有特权,也能增加品牌的社交货币。可能是因为产品属性的缘故,泡泡玛特在这个点上的表现一般。不过,对其他品类而言,让消费者拥有归属感是使其成为社交货币的重要手段。

比如,写《影响力》的大神罗伯特·西奥迪尼就研究过航空公司在乘客里程数方面的运用。西奥迪尼认为,如果将里程数直接换算成钱,乘客就会大失所望,因为这个金额非常少,并不值钱。但是,如果将乘客的里程数兑换为用钱买不到的特权时,它立刻就成为乘客们炫耀的资本了,笔者在朋友圈就看到过好几次炫耀飞行里程的内容。

三、天然的魔法师原型

当你打开一个盲盒,显现出来的是一个你未曾预料到的东西时,你能联想到什么?这和刘谦在春晚给大家表演魔术好像并没有很大区别嘛。从产品即内容,产品即传播的角度,无须刻意塑造品牌,泡泡玛特天然地就激活了魔法师的原型。

没有塑造品牌也获得了品牌效应,没有行动也激活了品牌原型,这是为什么呢?这得从品牌联想的构建说起。大家都知道,通过品牌塑造手段,既可以构建核心品牌联想,也可以构建次级品牌联想。泡泡玛特这个"无心插柳"的行为,构建的正是次级品牌联想。

当我们打造一个品牌的时候,对品牌名称、标识、广告语、包装、广告等各种元素的运用,让其解释、代表和突出产品的功能、属性、特性、档次、调性……从而在消费者心智中建立一个整体、深刻、统一的品牌印象,这就是构建核心品牌联想的过程。但是,除了这些打造品牌的规定动作以外,还有一些企业"不自

第二部分　品牌密码：他山之石　不会就学

觉"的行为也能让消费者产生联想。

比如，公司的CEO、职员，他们的一举一动都有可能让消费者产生品牌联想。如果你对人员也能构建品牌联想表示怀疑，就想想董明珠，她还直接上阵充当格力的品牌代言人了呢；产地也是构建品牌联想的重要内容。为什么现在越来越多的酱酒都说自己来自茅台镇？不就是为了构建高品质的品牌联想吗？这些，就属于次级品牌联想。

能让消费者产生次级品牌联想的还有很多，比如你采用的渠道、所在的集团、参加的诸如慈善一类的活动，都能让消费者产生次级联想。构建品牌的次级联想也是打造品牌的有效途径，你可以将其理解为营销配称。显然，让产品体验具有仪式感，也是重要的品牌塑造方式。

我们再来说说泡泡玛特的开箱过程。因为有消费者的高度参与，使它的开箱仪式既有场景体验的引力，也有品牌共创的合力。一个经典的泡泡玛特开盲盒过程是这样的：几个年轻人围在一起，其中一个闭着眼睛，嘴里念念有词，然后神情凝重地打开盒子，如果里面有自己心仪的款式，那大家就会集体爆发出大声欢叫。

这个由闭眼、祈祷和结果未知所组成的一系列动作，正是魔法师的标准动作。从品牌塑造的角度来看，通过消费者参与而强化的品牌形象，比单纯的语言、文字、画面甚至是视频，都更能激活每个人内心深埋的魔法师原型。其实，善于激活魔法师原型的不只是泡泡玛特，还有你熟悉的三顿半咖啡："三秒即溶，每种咖啡都因搭配牛奶、茶、可乐而变成新的东西"，在消费者们把冲咖啡当成了行为艺术的同时，魔法师的原型也被激活了。

第三部分

品牌哲学：大智若愚与品牌未来

第二十二章
品牌趋势：小成更易，做大更难

* * * * * *

在媒体和渠道都超级碎片化的时代，要进入品牌世界，拥有一个属于自己的品牌，这事变得比以前容易；不过，同样是因为渠道和媒体的碎片化，使HBG打法那种"大媒体＋大渠道＝大品牌"的机会很难再现。因此，对那些心怀百年品牌梦想，一心想把品牌做大做强的企业来说，这不是一个好消息。

一、从品牌历史，看品牌未来

"历史是一面镜子，它照亮现实，也照亮未来。"要想看清中国品牌的未来，就有必要回头去看看它的过去。因此，在正式破解"小成更易，做大更难"这个品牌趋势的成因以及给出做大做强的解药之前，我们还是稍微花点时间来了解一下中国品牌们曾经吃过的盐、跨过的桥、走过的路。

(一) 最大公约数与定位效果

说到品牌趋势，新国货们最喜欢说的就是传统品牌衰落了。而要正确理解它们的衰落，必须先聊聊它们是靠什么牛起来的。从某个角度讲，海尔、娃哈哈、格力这些品牌巨头们，是用品牌的"最大公约数"称霸了中国四十年。什么叫品牌的最大公约数呢？就是找到让最多用户喜欢或者认同的那个共同点，从而做成大品牌。

第二十二章　品牌趋势：小成更易，做大更难

要谈最大公约数，就一定少不了 HBG 理论的出场。在完美日记那个案例中我们已经介绍过，它的基本观点是：用"大媒体＋大渠道"完成对市场的高渗透，从而打造大品牌。将 HBG 理论在中国市场落地，操作也很简单，那就是"央视＋超市"。

央视代表大媒体，目的是实现"广土众民"（土地广阔，人民众多）式的大覆盖，以完成用户教育任务。如果给这一打法定个 KPI（关键绩效指标）的话，那考核的就是消费者是否心动，分解指标就是品牌的知名度、美誉度和忠诚度。虽然有人从理论上反驳说靠广告实现不了美誉度和忠诚度，但在事实上，在全国人民看春晚的年代，靠央视还真就可以建立美誉度和忠诚度。

在"央视＋超市"的组合中，超市代表的是大渠道，也就是确保在消费者看了电视心动后，能"配合"他们行动。那个年代可没有京东的"当日送达"，更没有"美团外卖，送啥都快"，所以渠道是一个比媒体更难把控的环节。

在这个过程中，巨头们给中小企业设置了难以跨越的障碍。比如，要在大媒体上打造拉力系统，比的是谁烧钱多。但是，中小企业能和巨头比钱多吗？在大渠道方面，品牌巨头更是为中小企业设置了双重壁垒。

由于巨头们的品牌形象更好、品牌潜能更大，因此它们的销售转化率更高，所以无论是代理商、经销商，还是夫妻杂货店或者大卖场，它们都更愿意卖巨头们的货——更容易产生销量嘛。所以中小品牌要进入这些渠道的代价就比大品牌高出很多。

中小品牌面临的难题远不止于此。除了成本优势外，大品牌们还打磨出了一套精细化运营渠道的"降龙十八掌"，其中的方法和理论完全可以写 10 本中小企业们看不懂的"天书"。都说"钱能解决的问题就不是问题"，但在涉及渠道精细化管理方面，很多时候仅仅靠钱还真就解决不了问题，得像罗振宇说的"做时间的朋友"，经历"1 万小时"去学习才有可能搞定。这样的壁垒，真当得起巴菲特说的"护城河"这个词。

从农夫山泉、宝洁等传统品牌巨头们的操盘路数可以看出，它们所谓的最大公约数是建立在相应的生态系统上的，是中国过去四十年由大媒体和大渠道组成的品牌生态成就了它们。身处这样的生态，你才能明白定位的威力。在"央视＋超市"这个"大媒体＋大渠道"的组合中，品牌强调的是"最大公约数"，追求的是"击中"最多的人，消费者教育必然都是浅层的，不像新国货们可以在自己

第三部分　品牌哲学：大智若愚与品牌未来

的微信群陪客户聊上一整天，所以必须依靠定位这样的"单点突破"工具，对消费者的心智进行"聚焦式"攻击。

看到这里，那些认为定位"不但现在不管用，过去也没有用"的人，还会坚持己见吗？任何品牌理论，甚至包括品牌本身都有自己的能力边界，需要因时制宜、因人制宜、因地制宜和因"品"制宜地对症下药。

（二）电商"强平台，弱品牌"的底层逻辑

说完传统品牌，我们再来说说电商品牌。但是，电商有品牌吗？

在 2010 年，经过 7 年的摸索和打拼，淘宝上终于出现了一批发了点"小财"的大卖家。那时候的淘宝还在年年通过搞"网商大会"来树标杆、扩影响，还没有想到过两年他就会把网商大会这种强化"头部效应"的活动给停了，而进行 180 度的大转弯，开始猛推"小而美"。因为小而美就不怕大卖家出"淘"了，小而美就可以把鸡蛋放在无数个篮子里面了。

那时候的淘宝已经开始慢慢变得强势，淘宝的大卖家们感到他们脖子上的绳子越勒越紧——虽然和今天比，那时的他们简直不要太幸福。他们开始嫌淘宝的规则太多搞得他们不自由，开始嫌淘宝的费用太高而给自己留下的太少……所以像"麦包包""柠檬绿茶"那样的大卖家们开始玩"出淘"，加之那几年凡客、玛萨玛索、梦芭莎等独立 B2C 大受资本追捧，这更强化了麦包包们"出淘"的信心。

结果你也知道了，不但"出淘"的没有找到出路，连他们的偶像——独立 B2C 也死光了。

历经"出淘"事件后，淘宝商家们才开始一心一意爱淘宝。当然，淘宝也花了大力气在扶植淘品牌。但是，由于电商平台天然的"强平台，弱品牌"属性，淘品牌显然扶不起来几家。

这是为什么呢？因为电商平台是由算法驱动的，在用户狭小的视觉范围内，你的品牌通常被迫与一大堆竞品放到一起，品牌的价值传递被"窄化"为单维度的价格竞争，让消费者很容易忽视品牌的其他优点，这就是电商"强平台，弱品牌"的底层逻辑。在这种情况下，品牌能搞得起来才怪。

"卖货就行了，为啥要搞品牌？"淘宝上和新国货们有相同认识的卖家很多，因此一点都不影响淘宝的兴旺。从销量讲，淘宝的数据确实也亮眼——这从"双

十一"的 GMV(商品交易总额)年年创新高可以看出来。这时候,以前对淘宝"爱理不理"的传统品牌们眼红了,顾不得要抵制淘宝了,也顾不得要冲击自己的线下渠道了,纷纷主动"入淘"。

再后来,就是无论淘品牌还是传统品牌,都发现日子不太好过。这是因为:一方面,线上成本与线下成本正在趋同;另一方面,电商"强平台,弱品牌"的制约依旧存在。

曾经有个电商平台叫"口袋购物",现在白鸦的 SaaS 平台就是因为和它的名称高度相似才改名叫有赞的。虽然你可能都没有听过这个平台,但它可是曾经估值 15 亿美元,拿了包括腾讯、老虎基金在内的投资机构 3.5 亿美元投资的"独角兽"。

口袋购物的 CEO 王珂认为,淘宝、京东那些电商平台上有 90% 的商品从来没有被用户浏览过,因此只要通过不同的主题和不同的角度把这些商品重新组合起来给用户看,就是一个大有"钱景"的生意。

这里我们不去讨论这个模式的优劣,相信你也发现了王珂话里的亮点——淘宝上竟然有 90% 的商品从来就不曾见过天日啊!由于"强平台,弱品牌"的属性,淘宝采用的"千人千面"技术决定了消费者可以看到哪个商品、看不到哪个商品,卖家只有购买了相应的广告才有可能被消费者看到。

由于互联网的交互属性,卖家们的广告费虽然不用像在传统媒体上那样"浪费一半,而且还不知道是哪一半"了。但是,它们同时也丢掉了对品牌建设最有价值的"指名购买",而传统品牌巨头们正是靠指名购买发家的。关于这个原理,我们将在后面细讲。

(三)是谁导致了"小成更易,大成更难"

在传统市场,因资金门槛高,做个小品牌都很难;在电商市场,因"强平台,弱品牌"的制约,压根就搞不了品牌。但在私域和社群领域,却是"沉舟侧畔千帆过,病树前头万木春"。新国货品牌如雨后春笋,大有把"每个品类都重做一遍"的架势。然而,让新国货品牌快速崛起的因素,也在阻止它长大。

1. 渠道和媒体的"零买零卖"时代

在投资界曾经流传这么一个段子:说电视台值钱,是因为它能打造全国数一

第三部分　品牌哲学：大智若愚与品牌未来

数二的品牌；百度比电视台值钱，是因为百度能打造每个行业数一数二的品牌；淘宝比百度值钱，是因为淘宝能打造每个品类数一数二的品牌；微信比淘宝值钱，是因为微信能打造每个朋友圈数一数二的品牌。

这个段子说的不一定是事实，但它揭示的原理却很深刻。如果站在企业建设品牌的成本角度，也就是广告投放和渠道推广的角度把这个段子反过来看，你就能发现新国货们成堆崛起的真正秘密：以前的媒体和渠道都是"整买整卖"，而现在却越来越趋向于"零买零卖"了。

媒体和渠道的整买整卖，是巨头们的游戏，央视的标王、大卖场的进场费，都是整买整卖时代的产物；而零买零卖呢，则是谁都可以尝试一下，特别在以微信为"根据地"的私域流量和社群营销兴起后，中小品牌不仅可以零买零卖，只要你有招数，甚至还可以免费买卖。

针对中国这样有14亿人口的大市场而言，在整买整卖时代，打造品牌必须通过央视那样的大媒体和家乐福、沃尔玛那样的大渠道来进行，这必然导致强者恒强的"马太效应"。在那样的生态中，无论你的产品有多好，只要没钱，就会失去与巨头们同台竞技的机会。

但在社群时代，微信把14亿中国人分成了无数的小群组。和大众媒体甚至和微博都不同，微信倡导的熟人社交，其本质就是"一拨人不和另一拨人玩"。这使得中小企业可以和巨头们公平抢用户了。即便像完美日记那样搞"微信群矩阵"的新国货巨头，在微信上接触到的用户总数和央视那样的大媒体相比，也只是很小的一部分。

实际上，媒体和渠道的零买零卖不是从微信开始的。百度的关键字投放、淘宝的直通车，也都属于零买零卖。只不过，百度只有媒体，缺乏渠道配套，所以没办法打造品牌；电商平台虽然具有媒体和渠道合一的特征，但其千人千面导致的"强平台，弱品牌"逻辑，则限制了品牌的发展。

但在私域环境下，以微信+天猫/抖音/京东/线下社区……这种方式的媒体和渠道的搭配，可以让每个中小品牌都拥有自己的根据地，这样的生态天然适合群雄并起。借着微信完全隔绝阿里系的机会，淘宝的卖家们纷纷把客户拉到自己的微信上，搞起了社群营销，美其名曰"私域流量"。加之国家提倡"大众创业、万众创新"，一时激活了无数颗怀揣创业梦的心，新国货的风潮就是这样被卷起来的。

第二十二章 品牌趋势：小成更易，做大更难

在电商界有句很有名的话叫"全网营销，淘宝成交"。但是现在，所有的商家都在想"全网营销，微信成交"。毕竟是人性，对商家而言，无论以前的"出淘"，还是现在的社群和私域流量，都是为了拥有自己的根据地，只有在自己的根据地，才是安全的，才是低成本的，才是一劳永逸的。

在私域的壮大过程中，拼多多、小红书、抖音、哔哩哔哩这些不断出现的新平台们推波助澜，加速了消费者从淘宝和传统市场分离的过程。因为，新平台越多，竞争就越激烈，市场就越碎片化，就会越让商家们觉得把自己的客户放在哪里都不安全，他们就越倾向于把客户拉到自己的微信小圈子里。因此可以预见，通过私域和社群，还会孵化出越来越多的中小新国货品牌。

2. 让新国货成功的基因，也在阻止它长大

完美日记2020年财报显示，2020年营收52亿、亏损近27亿。这组数据意味着，私域那让你容易入圈和小成的基因，也在阻止你长大。

对比一下新国货和传统品牌在产品线方面的差别，你会发现：传统品牌几乎都是单品出击，打造的是专家品牌形象。即便是宝洁这样的高手，在洗发水那么一条并不算很大的赛道上，也是通过三个品牌去跑马圈地的。但在新国货领域，几乎没有哪个品牌不是全品类一起上的。因此，在分析完美日记的时候，我们说它这样的新国货具有渠道品牌的特点，有别于海飞丝那样的产品品牌。

产品品牌的卖法，是把1个产品卖给1万个人，因此它们通常都以"专家品牌"形象示人，追求单点突破，穿透力强，所以能大面积覆盖；而渠道品牌的卖法，却是把1万个产品卖给1个人，这就导致了它穿透力差，难以实现大面积覆盖，这是多数专注于私域和社群的新国货品牌都做不大的原因。

为什么社群品牌缺乏穿透力呢？这是因为，品类多了，卖点多了，在离开自己的私域和社群后，不能"抱着消费者教育"了，而只能进行浅层的信息传递。但是，浅层教育是很难获得消费者信任的，要不为什么定位派总是反对品牌延伸呢？因为延伸就会导致用户教育跟不上，其核心原因是：在一个与消费者接触很浅的陌生环境中，你很难让他们相信你这也好、那也好、啥都好。

那么，是新国货们不想打造专家品牌吗？当然不是，而是私域自带的基因，没有办法走专家路线。在私域模式下，品牌和消费者的接触频率很高，你完全有机会和方法让他们相信：你的企业很牛，啥都做，而且啥都做得好。因此，你可

第三部分　品牌哲学：大智若愚与品牌未来

以全品类一起上，因为是"抱着消费者教育"嘛。

但是，也正因为是"抱着消费者教育"，你得有东西聊啊，如果像宝洁那样只搞一个海飞丝，你总不能天天告诉消费者如何去头屑吧？显然，在私域和社群模式下，由于和消费者接触频率很高，必须有足够的话题黏住他们，而扩展话题最有效的方法就是增加品类。

另外，当你与消费者深度沟通的时候，单人成本比 HBG 打法那种浅层沟通所耗的成本更高。出于分摊成本的考虑，你必须尽可能多地提供产品让消费者选择。加之在深度沟通模式下，你卖啥，啥都能卖得动，全品类就这样顺理成章地开始了。由此，新国货们也就自废了打造大品牌所需的"单点突破"武功。

看到这里，你可能会"以子之矛，攻子之盾"反驳说：你案例分析中的完美日记，咋就做大了呢？虽然完美日记的出圈已经在采用 HBG 的打法，与一直混社群的新国货品牌有很大不同；何况，完美日记那种打法是很多醉心于卖货的新国货企业从内心深处并不想的吧。即便如此，我们还是有必要来搞清楚啥叫大。来看几组品牌 2020 年的数据：

完美日记的销售额是 52 亿人民币，而它的偶像欧莱雅的销售额折合人民币大约是 2183 亿元，完美日记算大吗？元气森林的销售额是 27 亿元，而它的传统同行农夫山泉的销售额是 228 亿元，元气森林算大吗？三顿半的销售额是 8.5 亿元，而它的传统同行雀巢在大中华区的销售额折合人民币是 419 亿元，三顿半算大吗？

当然了，欧莱雅的数据还包括了中国以外的地区，并且也不全是单品，但这并不影响我们得出的结论。其实，几乎所有我们能看到的新国货，它们所谓的全国第一仅仅是在天猫平台上，甚至仅仅是"双十一"当天排第一而已，并没有把传统品牌更擅长的线下数据包括进来排名。

有些营销专家们所谓的定位无效，是指在私域和社群这种特定市场下的"不需要"。因为那些品牌根本就没打算把品牌做大，根本就没打算出圈，要定位那种打造大品牌的神兵利器干什么呢？但是，如果你理想远大，想打造真正的百年品牌，真的想把自己的品牌做大做强，那么一定要记住：只盯着私域的玩法，是永远也出不了圈的。

二、大智若愚与品牌成就

知道为什么淘宝、天猫这样的电商平台很难出品牌吗？因为它有"强平台，弱品牌"效应，这是你最常听到的解释。其实还有一个为我们所忽略，但却可能是更重要，也更反常识的原因——因为那里的广告费没有被浪费。啥？互联网费了九牛二虎之力才帮我们把"不知道浪费在哪里的一半广告费"找回来，我们却说因为这个电商才很难打造品牌。没错。不过要解释这个问题，需要引入"过度拟合"这个概念。

过度拟合(overfitting)是一个统计学上的概念，是指在调适一个统计模型时，因为使用了过多的、看起来精确的参数，最终却导致了荒谬结果的现象。简单点说，就是在执行的时候过度在意细节，而忽略了大趋势。

拿过度拟合的危害来衡量电商品牌和社群品牌的行为，那绝对称得上是"罄竹难书"。在运营实践中，电商卖家们追求的是每一分投入都可以被量化，每一分投入都要严格根据ROI(投资回报率)进行。然而，当我们短视到要计较每一个点击，不想浪费哪怕一分钱的广告费时，品牌在教育用户时所需要的传播冗余就被完全消灭了。

比如，在网店首页，本来非常适合也非常需要放上展示品牌形象的标识、广告语、形象广告等内容。但是，电商卖家们对数据化的工具用得太熟练了，一看后台的"首页焦点图"，发现标识、广告语这些玩意对流量变现和转化根本没有贡献啊，随手就换成了秒杀商品、满就减、满就送之类的促销信息，轻轻松松就把"传递品牌信息"这个重要的消费者教育内容给灭掉了。

令人欣慰的是，现在已经有新国货品牌意识到了这点。比如，完美日记就用HBG那种凶狠打法，跨界在新国货领域"浪费了一半广告费"。

过度拟合还有另外一种形式：用户隔离。有些人以为品牌是活在真空里的——只让掏钱的用户看到就行了，好像这样才不会浪费广告费。但实际上，品牌是活在生态里的。生态包含很多，比如供应链、媒体、渠道、非精准用户等。就拿用户来说，所有的用户才是全生态，部分用户仅是半生态。

有些品牌可以活在半生态里，只重视安全价值的品牌就可以这样，比如买某个品牌的药；但有些品牌必须活在全生态中，几乎所有注重精神价值的品牌都是如此，特别是奢侈品。我们都知道奢侈品的心理价值高过实际的产品价值，雕爷

第三部分　品牌哲学：大智若愚与品牌未来

甚至说"具有实用价值的产品都不能成为奢侈品"。这个心理价值就来自炫耀性消费，如果广告投放太精准了，只投给了买得起的人，那买的人去给谁炫耀呢？

现在的品牌已经少了当年传统品牌们"先广告，后铺货"那种蔑视 ROI 的豪气，所以才导致电商销量虽大，但都是在给平台打工的结局。当然了，我们并不建议个个都学完美日记，毕竟这不是每个品牌都玩得起的。但是，我们也应避免重蹈电商覆辙。对广告的浪费是需要控制，但过犹不及。想搞大品牌，有时需要一点大智若愚的"傻气"。

三、先卖货，还是先做品牌

这两年，有很多针对新国货"只会卖货"的指责。从长远来讲，这样的指责是正确的，社群品牌最终肯定要进行品牌化建设才有大发展。但是，社群品牌也绝不可以搞"品牌浪漫化"，否则必将使品牌走向没落。

新国货是我们这个时代特殊生态下的产物，它带有明显的电商卖货烙印，这对品牌建设是不利的。但是这也是它最大的优点——可以快速完成原始资本的积累。在这个竞争白热化的时代，做品牌固然可以是崇高的理想，但前提是一定不能丧失生存能力。

因此，对新国货来讲有两条路可以走：一条呢，是"围绕品牌卖货"；另一条，则是"围绕卖货做品牌"。这是两个不同的发展策略，适用于不同的企业现实。

什么叫围绕品牌卖货呢？就是一切按照品牌建设的流程和规范。按照奥格威说的，每次宣传都要能"为品牌的长期积累做贡献"，伤害品牌形象，甚至对品牌形象增值没有帮助的促销尽量不要做或者少做。

那么，什么叫围绕卖货做品牌呢？就是尊重企业当下品牌能力差、销售能力强的现实，在不影响销售能力的情况下，按照品牌塑造的思路循序渐进地进行品牌建设。

比如，可以先从 VI（企业视觉识别）开始。由于新消费品牌多数都是从网络开始的，导致它们的视觉权重高于线下市场。都说消费升级，完全可以先从外表开始升，因为这是消费者最容易感觉到的。待 VI 搞定后，再从定位理论、原力理论要求的原则开始逐步规范和升级。总之，在发展的过程中，要容忍对品牌建设没有帮助的销售行为，因为"留得青山在，不怕没柴烧"。

第二十二章 品牌趋势：小成更易，做大更难

显然，多数的新国货品牌能走的都应该是围绕卖货做品牌的路子。因此，我们可以把新国货的发展分成短、中、长三个阶段。如果借鉴"论持久战"的战略思想，这三个阶段大致应该是这样的：

短期，是品牌的防御阶段。这个阶段企业应该以活下去和积累原始资本为第一要务，可以进行一些局部的、低成本的品牌建设活动；中期，是品牌和销售的相持阶段。这时候要品牌与销售并重，不可偏废，否则会导致你一直陷在小圈子里走不出来；长期，也就是第三个阶段，是品牌反攻阶段。在这个阶段，品牌建设的权重要高于卖货，对品牌形象有伤害的促销行为要禁止，正如奥格威所说，每次宣传都要能"为品牌的长期积累做贡献"。

这样，一个能兼顾现在和未来利益的、保持战略灵活性的品牌发展策略就可以平稳落地。显然，这才是多数新国货、新消费应该走的品牌建设之路。

第二十三章
品牌咨询：要双赢，不要双输

※ ※ ※ ※ ※ ※

品牌服务机构与企业是共生关系，品牌建设得好，就会琴瑟和鸣、相得益彰。出了问题轻则相互推诿，弄得不欢而散；重则恶语相加，甚至对簿公堂。之所以导致这样的结果，部分原因是企业不懂品牌基本原理，要么期望过高，要么配合不当。但更重要的原因则在于品牌咨询公司要么实际能力不足，难当大任；要么对自己严重高估，没有金刚钻，却揽了瓷器活。

一、品牌建设的阶段和任务

任何合作都需要建立统一的话语标准，双方不能自说自话，更不能对某些重要的概念自我定义。否则合作的过程就好像鸡同鸭讲，结果不言而喻。而统一话语标准的第一步，就是明确双方对品牌建设阶段和任务的共同认识，由谁制定、怎么制定都不重要，关键是双方要用同一套标准。

按照品牌建设的性质和任务不同，我们将其分为品牌形象和品牌营销两大部分。如果用公式来表述，是这样的：品牌建设＝品牌形象＋品牌营销。其中品牌形象决定的是品牌潜力，品牌营销决定的是品牌助力。

如果将品牌动力学带入这个公式，那么品类战略的"降低竞争阻力"和品牌塑造的"激活品牌潜能"属于品牌形象阶段；而品牌传播的"形成品牌拉力"、渠道策略的"构建销售推力"和场景绑定的"产生营销引力"都属于品牌营销阶段。把这 5 种力全部套入公式，应该是这样的：

- 品牌建设＝品牌形象＋品牌营销＝品牌潜力＋品牌助力。
- 品牌形象＝品类战略＋品牌塑造＝品牌潜力。
- 品牌营销＝品牌传播＋渠道策略＋场景绑定＝品牌助力。
- 品牌建设＝（品类战略＋品牌塑造）+（品牌传播＋渠道策略＋场景绑定）。

在品牌建设的过程中，每个阶段都有自己的特点和难点，也都有不同的事项和任务。这个分级是从我们将要讨论的内容角度来分的，只求逻辑自洽，而不求所有人都认同。因此你觉得这个分级对不对并不重要，能通过这个分级理解要解决的问题才最重要。

二、品牌咨询公司的类型

目前，我们对品牌建设的第三方服务机构叫法不统一，有叫品牌咨询公司的，有叫品牌策划公司的，有叫品牌管理公司的，还有称自己是品牌全案公司的。其实叫什么不重要，关键是看清它们具有什么样的能力才重要。我们可以根据上面我们对品牌建设阶段和任务的划分，来透视品牌服务机构的类型。

（一）专注品牌形象的"战略型"公司

品牌形象包括品类战略和品牌塑造两大重要环节，属于品牌潜力部分。通过对品牌动力学的学习你已经知道，品类战略有虚和实两种形式，而实的品类战略往往就是企业战略，决定的是企业生态位的大事；而品牌塑造则事关能否积蓄品牌潜能、推高品牌势能的大问题。

虽然品牌形象层面全都是务虚工作，但决定的却是企业的方向性问题，是对品牌成败影响最大、也最持久的阶段。因此，接受品牌形象塑造业务的咨询公司必须具备以下能力：

- 透视能力：能看清并处理好品牌本身的作用边界；品牌工具的效能边界；品牌与宏观战略、中观营销以及微观的文案、设计之间的关系。

第三部分　品牌哲学：大智若愚与品牌未来

- 战略能力：具备看懂市场趋势、选择品牌生态和设计竞争模式的能力。
- 战术能力：精通定位派、原型派理论，具备创新品牌打法的能力。

(二) 专注品牌营销的"战术型"公司

品牌营销涉及对拉力、推力和引力的构建，属于品牌助力部分，这是品牌建设最难、最复杂，也是职能分类最多的阶段。传播、渠道、公关、促销是其中几大类工作，在各细分领域都有擅长业务的品牌服务机构。

在中国，数量最多的应该是专攻广告创意和广告策划的公司，毕竟早期的品牌服务和广告公司并不分家，广告界也的确涌现了很多业务能力优秀的公司。在品牌营销阶段最苦最累的活，就是渠道策划和渠道推广了。品牌界向来同时注重拉力系统和推力系统两条腿走路。推力从何而来？就是靠渠道了。不过，一方面由于渠道既大又乱且散，第三方机构很难触及；一方面渠道实操基本由企业自行负责，所以在中国具备优秀渠道策划能力的机构并不多。

电商和抖音这样的新媒体崛起后，渠道和媒体合一的趋势很明显，这对从事媒体策划和渠道策划的第三方服务机构是一个重大的挑战。目前还很少看到传统营销、广告和品牌公司开展这样的业务，倒是很多从互联网领域起步的小型公司自称在这方面很擅长。

由于私域和社群的兴起，现在涉及运营、增长和流量的业务非常受企业关注。但从本质上讲，它们仍然是营销范畴的业务，属于品牌助力部分。但很多第三方咨询机构却擅自提高这些业务的位阶，将其上升到战略的高度，导致企业误以为搞运营就是搞品牌，搞运营就是搞战略，从而贻误了战机。

绝大多数品牌咨询公司都能承担品牌营销中一项或多项任务，部分公司甚至形成了自己的绝活。比如业界曾经有这样的说法：北京的公司擅长媒体，广州的公司擅长制作，上海的公司擅长策划。不过随着行业的变迁，这个格局早就被打破了。

单单站在企业引进咨询公司这种外脑协助其进行品牌建设的角度看，品牌形象决定潜力，属于战略性事务；品牌营销决定助力，属于战术性事务。因此，品牌形象比品牌营销重要得多。如果借用电商术语来类比：品牌营销决定流量，而品牌形象则决定流量的转化效果，也就是转化率。

(三) 啥都能做的全案公司

由于工商注册的限制，市场上并没有一家公司名称后缀是"全案有限公司"的公司，不过这并不影响很多品牌咨询公司接的就是全案的活。能号称全案公司的，规模一般比较大，能力也相应高于其他品牌服务机构，这个倒是事实。

品牌全案公司最危险的地方是不懂品牌位阶，以为自己什么品牌类型都能搞定。一旦服务了那些"不以品牌为核心竞争力"的中性品牌、弹性品牌甚至是自然品牌，比如电商平台、B2B企业、女装、餐饮等，那么最后出现企业输了钱、自己输了名声的"双输"结局是大概率事件。

弄清品牌建设的阶段和相应的任务能让我们分清咨询公司的职能。毕竟，经济学鼻祖亚当·斯密早就说过，分工导致专业。有些品牌咨询公司为什么老被指责为不专业？很多时候就是由于对这个品牌建设的不同阶段及其任务不了解导致的：明明只擅长某个阶段的工作，却揽了全部阶段的活。

三、双输，可以这样避免

为了避免品牌和服务机构出现双输局面，双方都应该懂得品牌边界的透视原理，而咨询公司还必须至少掌握两个阶段中某个或多个和自己主营业务相关的技能。下面就来谈谈我们对双方的建议。

(一) 避免能力错位

近几年，在"全案"荣光的刺激下，很多品牌咨询公司总有想"把品牌升级为战略"的冲动。而一旦尝到"通过战略更容易接单"的甜头后，有些公司就慢慢从专科诊所发展成了"包治百病"的综合医院。从很多咨询公司公开的案例看，一开始他们还在自己熟悉的领域倒腾，后来慢慢就自信心膨胀，变成什么类型的业务都敢接了，这实在不是一个好势头。

首先，不对品牌类型进行正确透视就将品牌升级为战略，不仅可能浪费企业的钱，还有可能让企业贻误战机。尤其在互联网领域，竞争通常是全国性的，几乎都是巨头之间在争霸，先发优势那点"先发"通常是以周来计算的。

其次，成天研究品牌的咨询公司一旦到了战略的地盘，操作难度的增加往往

第三部分　品牌哲学：大智若愚与品牌未来

是数量级的，很多品牌咨询公司似乎并没有清晰认识到这点。细看很多知名公司公开出来的案例，你会发现很多公司仍然在用建设品牌的路数搞战略层面的业务。

在新国货领域，另一个不好的倾向是：很多搞运营的往往认为自己是在搞品牌。从企业位阶来说，运营和品牌通常都位于第二位阶，低于战略，高于设计。虽然重要性差不多，但它们的分工却是差别很大的。如果用品牌动力学来界定，很容易就能看清这点：针对品牌建设的五大环节而言，运营是外因的助力部分，属于战术范畴；品牌是内因的潜力部分，属于战略范畴。

以为搞运营就是搞品牌，会导致你永远处在卖货的思维中走不出来。因为运营是每个企业都需要的通用能力，从这个角度看，搞批发的、做电商的、社群卖货的、建品牌的、开工厂的……并无本质不同。而品牌属于那些"以品牌为核心竞争力"的企业的专有能力。因此，在运营层面上无论你如何努力，也不可能建设一个品牌出来。

无论是将品牌上升为战略，还是将运营等同于品牌，由不具备企业位阶透视能力的咨询公司操作的品牌，一般都是成得少、败得多。就算侥幸成功，往往也是错误归因的结果。分工导致专业，专业才能搞好服务。我们的咨询公司不能一味地给企业讲定位、讲聚焦、讲心智不要混乱，但轮到自己的时候却是什么单子都敢接，战略也会，运营也会，品牌也会。如此违反规律做事，最后的结果非常有可能是双输。

一定有人可以举出反例来反驳。其实在笔者看来，即使双方的合作侥幸成功了也没啥值得高兴的，涉及品牌能力边界之外的战略环节(核心竞争力)，企业成功通常都不是品牌建设的功劳。如果不搞品牌，企业一样会成功不说，说不定还能省点咨询费呢。

(二) 避免期待错位

怎么样才能避免期待错位？这需要双方都能在认识对方的基础上调整期待。比如刚性品牌，企业方自然对服务的结果要求高，因为这是企业的命根子嘛。而品牌咨询公司也可以发挥所长，相应地获得较高收入；但是如果是弹性品牌甚至自然品牌，咨询公司一定要明白品牌在这样的企业中作用有限，通常不可能是决定性的，首先要学会降低自己的期待，同时也要调低企业对效果的期待。

还有就是，企业和咨询公司双方的关注点是不同的。在咨询公司那里，品牌

第二十三章 品牌咨询：要双赢，不要双输

就是全部；但在企业那里呢，品牌也许是可有可无的陪衬。因此，无论什么类型的企业，战略都应该是品牌建设的先导，必须由战略来决定品牌的位阶和作用。如果发现企业的战略并不需要品牌，或者品牌的位阶较低（比如弹性品牌），咨询公司千万不可为了满足自己的期待强行"拔高"品牌的位阶，否则极有可能导致双输。

最后我们来说说双方都最关注的效果问题。即使是竞争战略之父波特，还有人以他开的公司倒闭为例来证明战略不管用。作为企业方，一定要明白麦肯锡也好，波特也好，他们虽然在战略界是绝对的顶尖高手，但由他们帮你制定的战略或者品牌计划仅仅是企业成功的必要条件，而非充分条件。

一个项目的成败往往是由时代、地区、行业等宏观因素，以及战略、产品、品牌、营销、管理、资本等微观因素共同作用的结果。每个环节都正确才能成功，而一个环节出问题就可能导致整个项目失败。把大家耳熟能详的"木桶理论"套用到这几个因素上面，非常有助于你理解这个问题。因此一个项目的成功，不能简单"归功"于品牌咨询公司；一个项目的失败，也不能简单"归罪"于品牌咨询公司。学会正确归因，才能对双方的合作有帮助。

参考文献

[1] 卡尔·古斯塔夫·荣格.荣格文集 [M].王永生,译.北京:国际文化出版公司,2011.

[2] 道格拉斯·霍尔特,道格拉斯·卡梅隆.文化战略:以创新的意识形态构建独特的文化品牌[M].汪凯,译.北京:商务印书馆,2013.

[3] 玛格丽特·马克,卡罗·S.皮尔森.很久很久以前:以神话原型打造深植人心的品牌[M].许晋福,戴至中,袁世珮,译.汕头:汕头大学出版社,2003.

[4] 大卫·奥格威.一个广告人的自白 [M].林桦,译.北京:中国物价出版社,2003.

[5] 托马斯·M.尼科尔斯.专家之死:反智主义的盛行及其影响 [M].舒琦,译.北京:中信出版社,2019.

[6] 阿尔·里斯,杰克·特劳特.定位 [M].王恩冕,译.北京:中国财政经济出版社,2002.

[7] 丹尼尔·卡尼曼.思考,快与慢 [M].胡晓姣,李爱民,何梦莹,译.北京:中信出版社,2012.

[8] 邓德隆.2小时品牌素养 [M].北京:机械工业出版社,2011.

[9] 于华.品牌原力:定位攻左脑,原力攻右脑 [M].广州:南方日报出版社,2021.

[10] 凯文·莱恩·凯勒.战略品牌管理 [M].卢泰宏,吴水龙,译.北京:中国人民大学出版社,2009.

参考文献

[11] 阿尔·里斯，杰克·特劳特. 22条商规 [M]. 寿雯，译. 太原：山西人民出版社，2009.

[12] 劳拉·里斯，阿尔·里斯. 品牌的起源 [M]. 寿雯，译. 太原：山西人民出版社，2010.

[13] 德内拉·梅多斯. 系统之美 [M]. 邱昭良，译. 杭州：浙江人民出版社，2012.

后记：专家之死，是谁淹没了专业的声音

"是谁出的题这么的难，到处全都是正确答案。"喜欢摇滚的人一定记得这首歌，它出自"魔岩三杰"之一、中国朋克鼻祖、著名摇滚歌手何勇的代表作。不过，歌曲归歌曲，在现实世界中，真有这样的难题吗？

还真有！不是说艺术来源于生活吗？品牌分析、品牌建设、品牌咨询就是这样的难题。当某个品牌成功后，就会有无数人对它的成功进行分析和归因，到那时候，"到处全都是正确答案"。

然而，在商业世界中，品牌并非活在真空里。在竞争、市场、用户、时机等综合因素的作用下，要想让企业和品牌走向成功，通常只有一个最优解。因此，在针对成功品牌层出不穷的分析中，只有极少数是正确的。但问题的关键是：谁才是正确破解了成功密码的人呢？

令人沮丧的是，这个问题可能永远也不会有答案。因为，在互联网环境中，真理和声量、能力和影响力并不是成正比的。一个并不真懂品牌的人，因为社交能力强、写作产量高、粉丝数量多、勇于多出镜……他的声量和影响力大概率会盖过那些身怀绝技的专家。

上面这些并不是笔者自己的感慨。它的原创思想来自一本叫《专家之死：反智主义的盛行及其影响》的书。在书中，作者分析了专家之死的种种原因，比如，"越愚蠢的人越看不到自己的愚蠢""自媒体崛起，冒充专家的成本也越来越低""反智主义大行其道""每个普通人都认为自己拥有和医生、外交官一样的知识""所有的声音，即使是最荒谬的，也要求被平等地考虑"……

专家"正"死的趋势，对品牌的健康发展显然不是好消息。比如，对品牌价

值的蔑视，对定位效果的轻率否定，都是商业反智主义泛滥的结果；而自媒体崛起，冒充专家的成本越来越低，导致了对同一个案例的分析"到处全都是正确答案"；而每个人都认为自己拥有专家一样的知识，即使是最荒谬的，也要求被平等地考虑，这就导致真正管用的建议会在"少数服从多数的投票式决策"中败下阵来……

因此，品牌的建设者们比以往任何时候都需要睁大眼睛，对影响品牌发展的成败归因、市场观点、策略建议、咨询提案都需要仔细分辨。当然，其中也包括对本书内容的甄别。否则，极有可能你想借助的是商业外脑，招来的却是商业外敌。

于华

2021年5月于广州长隆